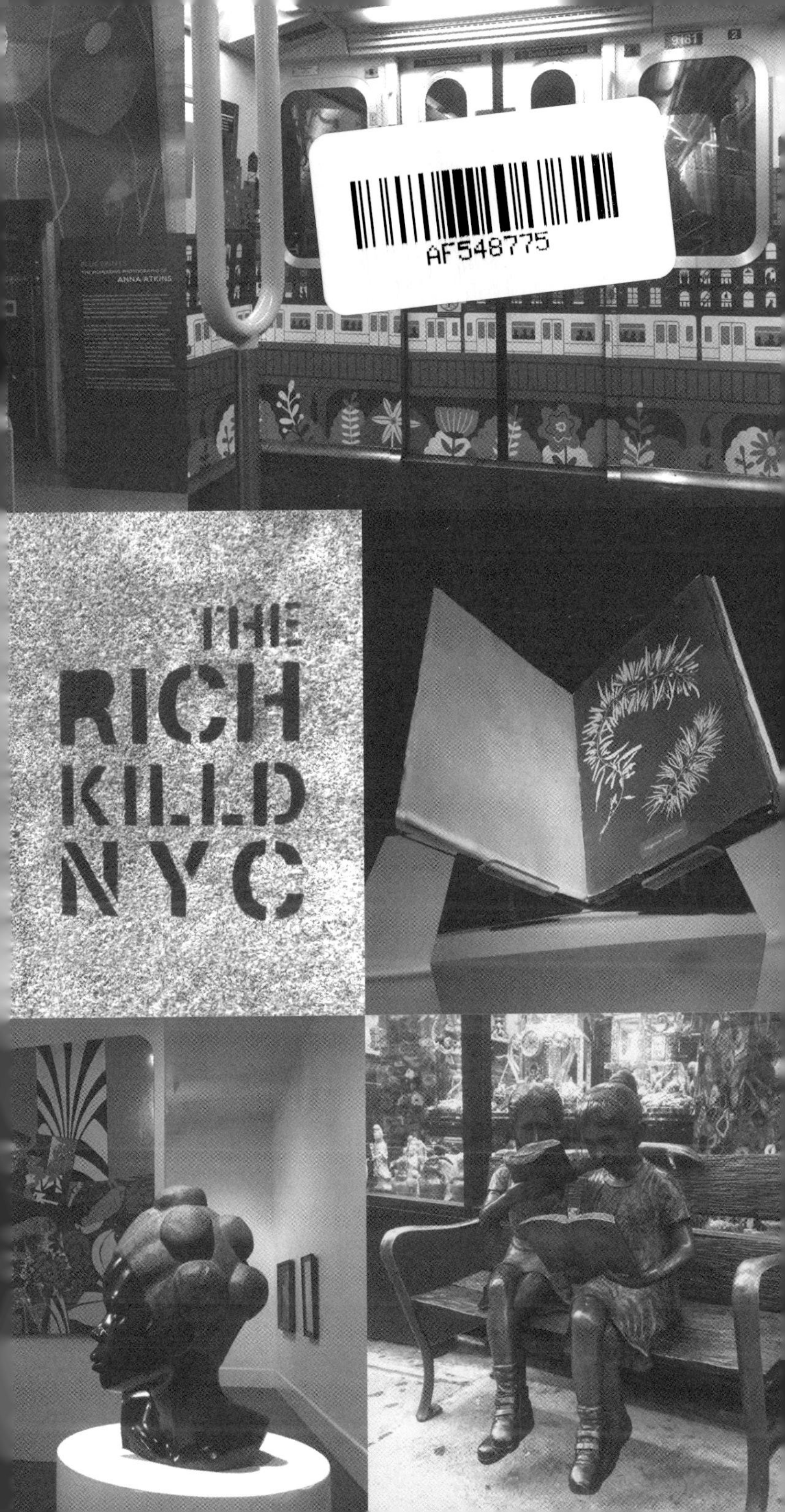
9181
2
ANNA ATKINS
AF548775
THE
RICH
KILLD
NYC

Stephanie Hanel

Künstlerinnen in New York

Stephanie Hanel

Künstlerinnen in New York

Von Bronzegöttinnen, fabelhaften Wesen und einer etwas anderen Dinner Party

AvivA

Für Anna Atkins,
der ich meine Passion
für Cyanotypien verdanke

Inhaltsverzeichnis

Vorbemerkung

Anstoß für dieses Buch waren ebenso meine Begeisterung für eine überraschend entdeckte Skulptur von Simone Leigh wie die Neuentdeckung der Cyanotypien von Anna Atkins oder das Werk von Hilma af Klint, über das die Kunstwelt staunt. Mit meiner Spurensuche möchte ich dazu inspirieren, sich weiter mit den Werken und Künstlerinnen zu beschäftigen oder neugierig auf eigene Spurensuchen machen.

Die Auswahl der Kunstwerke ist subjektiv und beruht darauf, dass sie mir bei meinen Kunstspaziergängen in New York begegneten oder bei meinen Recherchen auftauchten und mich faszinierten. Einige der Schöpferinnen sind bedeutende Vorbilder, andere sind noch dabei, ein Werk aufzubauen. Manche der Künstlerinnen sind weltberühmt, einige in den USA viel bekannter als bei uns, und manche sind Newcomerinnen.

New York ist ein Hotspot für Kunst, und viele der Künstlerinnen, die ich dort sehen konnte, wurden mittlerweile auch in Europa entdeckt oder haben ihren internationalen Durchbruch geschafft. Während ich zunächst vorwiegend englischsprachige Quellen berücksichtigte, mehren sich die Beiträge, die sich ohne Sprachbarriere lesen lassen. So kamen nicht nur die Künstlerinnen, sondern auch ich selbst wieder in Deutschland an. Und ich freue mich von hier aus darauf, wenn die nächsten Impulse für die Kunstwelt zu uns herüberschwappen.

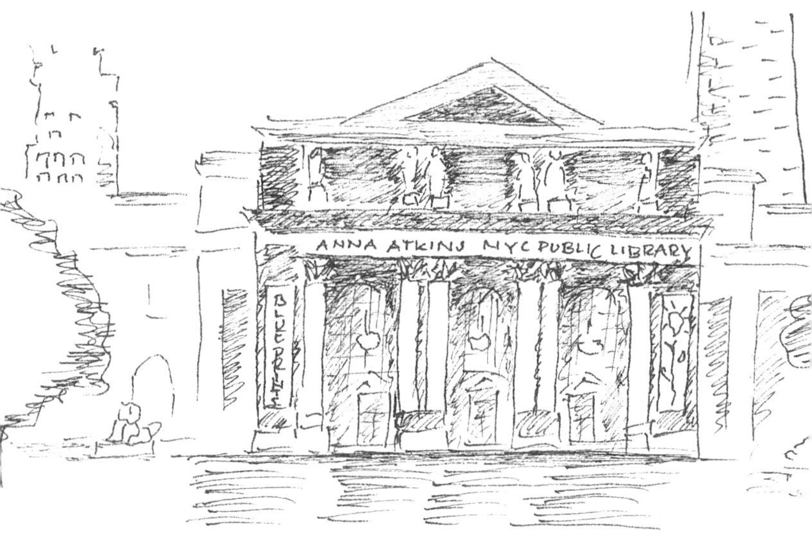

Es hing zwar tatsächlich eine große Fahne an der *NYC Public Library*, die auf die Ausstellung der »Blue Prints« von Anna Atkins aufmerksam machte. Ihr Name stand jedoch nicht wirklich in Stein gemeißelt oder in goldenen Lettern an einem Fries wie auf der Zeichnung.

Anna Atkins:

Das erste Fotobuch der Welt

Wie war ich auf Anna Atkins Werk aufmerksam geworden? Ein kleiner Artikel auf der Ausstellungsseite des *New Yorkers* mit einer Abbildung – und ich war in den Bann gezogen. Ein magisches Blau und eine poetische pflanzliche Struktur: Dieses komplett aus der Zeit gefallene gleichzeitig Abstrakte und Natürliche imponierte mir. Diese Ausstellung wollte ich sehen!

Ich machte mich auf zur *New York Public Library*, an deren Außenfassade mich bereits große Fahnen begrüßten, bedruckt mit Anna Atkins' Sonnenfotografien. In einem etwas abseits gelegenen Teil des Eingangsbereichs fand ich dann einen mit einem Aufmacher umrandeten kleinen Eingang und nahm mir einen Prospekt aus dem Ständer. Einen kurzen Moment war ich enttäuscht, weil der zu betretende Ausstellungsraum winzig erschien neben der beeindruckenden Architektur. Doch kaum war ich drinnen, tauchte ich ab in die kuriose Welt der Algen, die Anna Atkins in ihrem Hauptwerk abbildete, und überhaupt in dieses einzigartige Werk, das so experimentell und gewagt wirkt. Eine versponnene Idee? Ein Jahrzehnt Arbeit an etwas, das man selbst für wertvoll und richtig hält, aber damit erst einmal weder Geld noch Ruhm erlangt?

Ich stand in diesem abgedunkelten Raum der *New York Public Library* und staunte: über Anna Atkins (1799 – 1871), über ihren Einsatz dieser gerade erst entwickelten fotografischen Methode der Cyanotypie, über die Tatsache, dass sie die ersten mit Fotos illustrierten Bücher überhaupt herausgegeben hat – und über die Zeitreise, die hier so mühelos gelang. Atkins Arbeiten sind so perfekt erhalten, als wären sie erst vor Kurzem angefertigt worden, und die Ästhetik überbrückt die Jahrhunderte mühelos. Am meisten imponierte mir der Pioniergeist der Fotografin und ihre beharrliche wissenschaftlich-künstlerische Arbeit. Wie konnte das alles vor über 170 Jahren gelingen?

Es gelang zum Beispiel mit einem Vater, der die Tochter förderte und ihr die Liebe zur wissenschaftlichen Beobachtung der Natur vermittelte. Atkins' Mutter war ein Jahr nach ihrer Geburt verstorben und der Zusammenhalt zwischen Vater und Tochter so stark, dass er sogar fortbestand, nachdem Atkins heiratete. Anna Atkins lernte Zeichnen und Lithografie, illustrierte ein Übersetzungswerk des Vaters über Muscheln und kam über ihn auch in Kontakt mit dem britischen Wissenschaftler Sir John Frederick William Herschel. Dieser erfand 1842 die Cyanotypie, auch Sonnenfotografie oder Eisenblaudruck genannt. Anna Atkins erlernte diese fotografische

Technik höchstwahrscheinlich direkt von Herschel. Dafür wird ein Papier mit einer lichtempfindlichen Lösung aus zwei eisenhaltigen Substanzen getränkt und getrocknet. Die gewünschten Motive werden von der Sonne belichtet und es bildet sich wasserunlösliches Berliner Blau. Die unbelichteten, weil abgedeckten, Stellen bleiben wasserlöslich und können abgewaschen werden. Jede Aufnahme ist ein Unikat und kann genau in der Form kein weiteres Mal entstehen, da die Sonneneinstrahlung variiert und sich die pflanzlichen Objekte durch den Prozess verändern.

Atkins wandte dieses Verfahren als erste systematisch an: für Fotografien von Algenarten. Diese waren nicht nur von wissenschaftlichem Interesse, sondern entfalteten ebenso eine poetische Schönheit, die die Betrachtenden damals wie heute verzaubert. Atkins' Werke über Algen entstanden zwischen 1843 bis 1853. Auch die Heirat behinderte ihren schöpferischen Prozess nicht – auf Reisen mit ihrem Mann fertigte Anna Atkins wunderbare Landschaftsskizzen. Nach Abschluss der Algen-Arbeiten tat sie sich mit ihrer Freundin Anna Dixon für ein neues Werk zusammen: *Cyanotypes of British and Foreign Flowering Plants and Ferns* (1854) zeigt verschiedene Pflanzen, Federn und Blüten und entfaltet das volle Potenzial der neuen Technik. Atkins und Dixon konnten darin der Ästhetik den Vorrang geben, ganz unabhängig vom wissenschaftlichen Nutzen.

Ebenfalls interessant ist die in der Ausstellung gegebene Erklärung, dass es damals üblich war, größere Werke in Teilen zu publizieren. Durch diese Methode kamen die Urheber:innen schneller zu ihrem Geld bzw. konnten ihre Arbeit überhaupt fortsetzen. Falls dabei auch Verlage im Spiel waren, konnten diese zudem Herstellungskosten sparen, denn die Käufer:innen sammelten die einzelnen Abschnitte und ließen sie sich erst nach Erhalt aller »Papiere« dann so binden, wie es ihnen gefiel. Für Atkins hatte diese Vorgehensweise auch noch einen weiteren Vorteil, der auch für andere wissenschaftlich-systematische Werke zugetroffen haben dürfte: Sie konnte im Verlauf ihrer Arbeit festgestellte Änderungen in der Systematik der Pflanzen oder Zuordnungsirrtümer per beigelegtem Hinweisblatt an die Kund:innen transportieren, sodass diese ihre Blätter entsprechend neu anordnen oder austauschen konnten.

Anna Atkins hat circa zwölf Exemplare ihres Algen-Werks produziert, bei der jedes einzelne präparierte Fotopapier von der Sonne belichtet und danach abgewaschen und getrocknet werden musste. Eine unglaublich aufwändige Tätigkeit, ganz abgesehen von der vorangegangenen Sammelarbeit und des handwerklichen Geschicks, die Objekte möglichst effektiv anzuordnen und zu fixieren. Bisher schätzt man den Umfang ihres Werkes auf mehr als 6.000 Cyanotypien, und es könnten noch mehr werden, weil sich immer wieder neue Quellen finden, aus denen unvermutet weitere Arbeiten auftauchen. In jüngster Zeit gab es gleich zwei aufwendige Publikationen zu ihrem Werk und es sieht ganz danach aus, als ob die Geschichte der Fotografie hier eine neues Kapitel aufgeschlagen hat. Anna Atkins hat die Technik der Cyanotypie zweifellos zur Perfektion gebracht und ein im wahrsten Sinne originäres Werk geschaffen: Sie hat auf wunderbare Weise Wissenschaft und Kunst verknüpft. Und wo auch immer die Cyanotypie heute auftaucht – bei einem Cyanotypie-Kurs in der *Brooklyn Brainery*, den ich besuchte oder auch bei nachfolgenden Künstler:innen, die diese Technik heute nutzen – Atkins Name als ›Urahnin‹ fällt immer und ist nicht mehr aus der Geschichte wegzudenken.

Und ich verdanke Atkins eine neue Leidenschaft – wann immer es windstill und sonnig ist, sehe ich mich nach Gräsern, Blüten und Kräutern um und versuche ihre Schönheit in Blau und Weiß zu bannen.

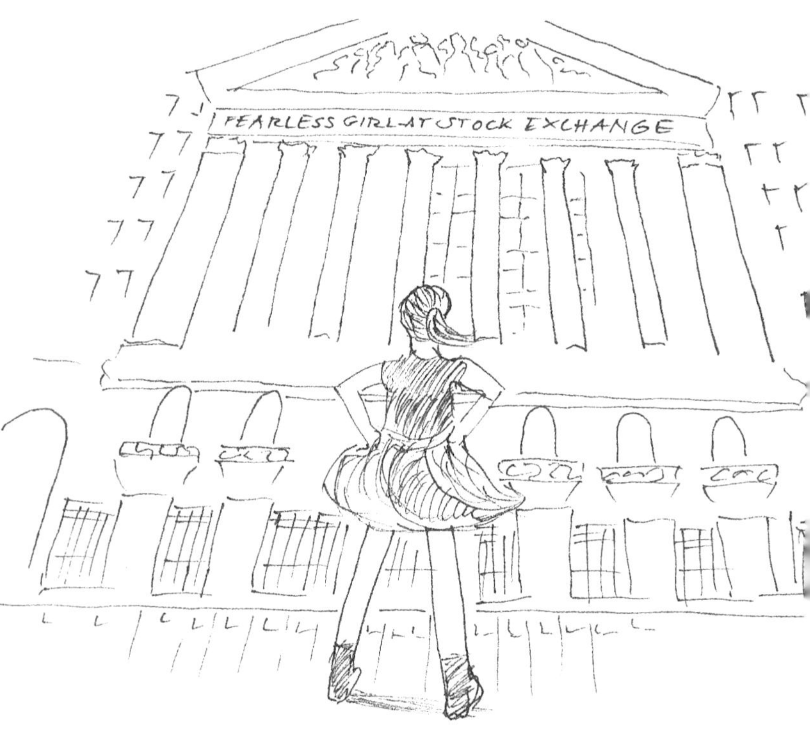

Kristen Visbals Schöpfung, das *Fearless Girl*, wird natürlich nicht an der Börse *(Stock Exchange)* angeschrieben oder gehandelt, doch die Besucher:innen der Wall Street finden die lebensechte Skulptur oftmals interessanter als das wuchtige Gebäude.

Kristen Visbal:

Das *Fearless Girl*, der Bulle und die Börse

Die Statue eines kleinen Mädchens, das entschlossen die Hände in die Hüften stemmt und ihr Kinn der Herausforderung entgegenreckt, war schon eine Attraktion, als ich mich im Juni 2017 mit meiner Familie auf Stippvisite in New York aufhielt, um eine Wohnung zu suchen. Die Statue der Künstlerin Kristen Visbal hatte sich im Nu zu einer Art Glücksbringerin für alle weiblichen Wesen welchen Alters auch immer entwickelt.

Meine Tochter und ich stellten uns also vor Ort in die Fotoschlange, wie sie vor allen Kunstobjekten in New York so üblich ist, und beobachteten die Menschen und ihre Posen mit dem »furchtlosen Mädchen«. Irgendwann waren auch wir an der Reihe. Und siehe da, es funktionierte: Wir strahlen jedenfalls auf dem Erinnerungsfoto. Selbst wenn man über die Vorstellung schmunzelt, dass das Berühren von Skulpturen an verschiedenen Orten in der Welt Glück bringen soll – die symbolische Handlung bewirkt etwas. Sei es, dass man sich instinktiv aufrichtet oder auch über sich und seinen Aberglauben lächelt, in jedem Fall verlässt man den Platz anders, als man ihn betreten hat.

Das *Fearless Girl* ist ein Symbol dafür, dass Frauen in Zukunft mehr führende Rollen innehaben sollten – auch und gerade im Finanzwesen. Die Strategie der Anlageberatungsfirma *State Street Global Advisors*, die das kleine Mädchen zum Weltfrauentag im März 2017 aufstellen ließ, ging auf. Das *Fearless Girl* bot dem mächtigen Bullen im Park *Bowling Green* die Stirn und forderte die männliche Finanzwelt heraus – so die gängigste Lesart.

Eine offizielle Genehmigung für eine dauerhafte Aufstellung hatte es nie gegeben, doch 2018 gab es eine Petition für den Erhalt der Statue – die New Yorker:innen hatten das Mädchen mittlerweile definitiv in ihr Herz geschlossen. Der Erschaffer des *Charging Bulls* hingegen, Arturo Di Modica, hatte vehement Kritik geäußert und sogar rechtliche Schritte angekündigt, falls die Statue des kleinen Mädchens weiterhin sein Kunstwerk in ein falsches Licht rücken würde. Für Außenstehende war das Zusammenspiel beider Skulpturen ein perfektes Gesamtkunstwerk. Die Intentionen Di Modicas waren allerdings ganz andere. Seine Skulptur sollte als Sinnbild dafür dienen, in Krisenzeiten dem Schicksal mutig die Hörner zu zeigen. Motiviert durch den *Black Monday* am 19. Oktober 1987 war sein Stier ein Geschenk an die USA, die ihm seine Karriere ermöglicht hatten.

Allerdings hatte er keine Aufstellungsgenehmigung eingeholt, sondern setzte den Bullen eigenmächtig an die von ihm auserkorene Stelle vor der Börse, sozusagen als Präsent unter den Weihnachtsbaum, der kurz zuvor dort aufgestellt worden war. Die Behörden waren weniger begeistert als der Künstler und entfernten das Kunstwerk. Nach einer öffentlichen Protestwelle fand der Stier jedoch sein Zuhause im *Bowling Green* Park, aus dem nun wiederum das *Fearless Girl* vertrieben werden sollte.

Im Dezember 2018 befand sich das *Fearless Girl* schon am neuen Platz vor der Börse. Es ist nun – Ironie des Schicksals – exakt an der Stelle platziert, die Di Modica sich für seinen Bullen gewünscht hatte.

An diesem Standort bot sich mir nun ein komplett anderes Bild: Das *Fearless Girl* steht zwar demonstrativ vor der Börse, aber sie sieht sich meterhohen Mauern gegenüber. Sie könnte auch das kleine Mädchen aus der Gosse sein, das ins Auge fasst, was sie arm macht. Selbst die kämpferische Haltung geht zwischen den vorbeihuschenden Menschen ein wenig unter. Die Börse ist grell gestreift illuminiert und die Weihnachtsbaumlichter verkitschen die Szenerie. Vielleicht gibt die kleine Kämpferin wenigstens einen derben Fluch von sich, im Angesicht des protzigen Prunks? Ich hoffe es. Über den Wechsel der Wirkmächtigkeit komme ich nicht hinweg. Auf dem Platz war es ein Kampf Auge in

Auge, hier ist es der Kampf des Mädchens gegen das abstrakte System.

Aber halt, vielleicht kann auch das funktionieren? Jedenfalls begrüßte Lori Heinel, *Deputy Global CIO* der Anlageberatungsfirma, im Fernsehen ausdrücklich, dass die Statue im Finanzdistrikt verbleibt und nun direkt vor dem Herzstück, der Börse, platziert wurde. Der Umzug des *Fearless Girl* schaffte es sogar in die Tagesnachrichten. Und: Sie hinterließ einen Fußabdruck bei ihrem vorherigen Standort, auf dass Besucher:innen in ihre Fußstapfen treten können. Oder für sie Stellung halten. Egal wo – das *Fearless Girl* wird weiter Menschen zum Stehenbleiben und Nachdenken bewegen.

Zum Frauentag 2021 sah ich von Deutschland aus im Internet nach dem *Fearless Girl* – und siehe da: Schon wieder hatte sich etwas verändert! Vier Jahre nach ihrem ersten Erscheinen war die Statue nun von Glassplittern umgeben. Auf einer beigefügten Plakette wurde die durchbrochene gläserne Decke als Sprungbrett in die Zukunft gedeutet: »Today's broken glass ceilings are tomorrow's stepping stones.« *State Street Global Advisors* hatte noch einmal bildlich gemacht, was sie sich wünschen: mehr Frauen in die Vorstände. Wie gelungen das von künstlerischer Seite aus war, darüber lässt sich streiten, aber es war auf alle Fälle eine Bekräftigung des ursprünglichen Engagements, das zur Entstehung dieser Skulptur geführt hat - auch wenn es sich nur um eine temporäre Zusatzinstallation handelte.

Ich würde hier gerne auslassen, dass es einen Rechtsstreit zwischen der Künstlerin und dem Auftraggeber über das *Fearless Girl* gibt. Die Auftraggeber haben wohl Copyright und Trademark-Rechte. Daher verklagten sie die Künstlerin Visbal, nachdem diese ohne Rücksprache mit dem Unternehmen weitere Statuen in Originalgröße hatte anfertigen lassen und diese nach Oslo, Kapstadt und Melbourne verkaufte. In Melbourne, Australien, ging der Fall ebenfalls vor Gericht. Das dortige Urteil fiel zugunsten der Künstlerin aus, da die Statue in anderem Zusammenhang aufgestellt worden sei und der Name der Statue nur zu Beschreibungszwecken verwendet worden wäre. In New York hat die Künstlerin trotz beträchtlicher Einnahmen noch ausstehende Gerichtskosten in Millionenhöhe und geht immer weitere Schritte in Richtung Vermarktung ihrer international erfolgreichen Symbolträgerin. Beide Seiten haben sich in dieser Auseinandersetzung nicht gerade mit Ruhm bekleckert, aber dem *Fearless Girl* tut das keinen Abbruch - sie führt ja praktisch schon seit Tag Eins ihrer Aufstellung ein Eigenleben. Auf dass sie den New Yorker:innen für immer erhalten bleibe!

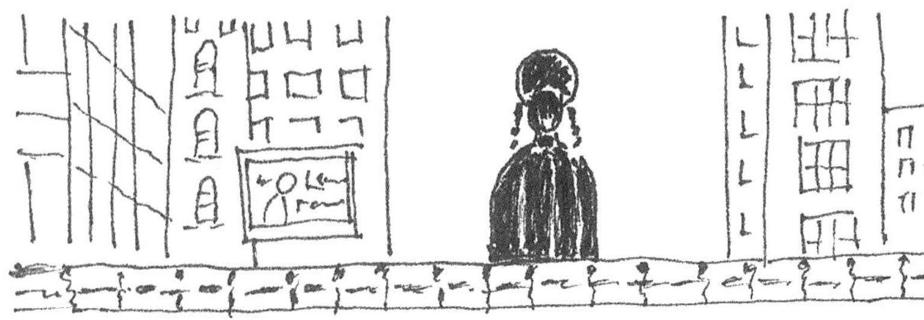

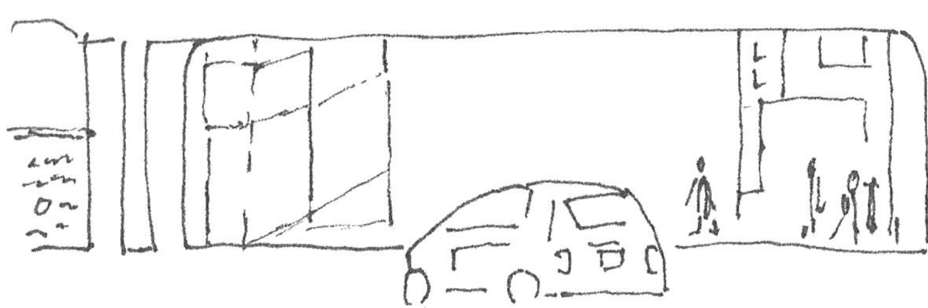

Die monumentale Skulptur *Brick House* von Simone Leigh stand zunächst auf der *High Line*, bevor sie zur Biennale nach Venedig reisen durfte und ihre Schöpferin den »Goldenen Löwen« damit gewann.

Simone Leigh:

Die Schwarze Göttin auf der *High Line*

Eine weitere New Yorker Neuentdeckung war für mich die Bildhauerin Simone Leigh, deren Arbeiten ich auf Anhieb sehr beeindruckend fand. Ihr Werk auf der *High Line* nahm Raum ein und stand da so gelassen und (wirk-)mächtig, dass sich meine Fantasie gleich verselbstständigte. In meinem Kopf hatte ich es schon vor Augen: Wie wäre es, wenn wir uns von Frauen-Bildnissen umgeben im öffentlichen Raum bewegen würden? In meiner Stadt der Zukunft begegnen wir auf Schritt und Tritt Simone Leighs Skulpturen. Skulpturen, die eine souveräne weibliche Kraft ausstrahlen, die bisher nicht repräsentiert wurde.

Simone Leigh wurde 1967 in Chicago geboren. Sie studierte am Earlham College in Richmond, Indiana, u.a. Kulturwissenschaften mit einem Schwerpunkt auf amerikanischer und afrikanischer Kunst und Philosophie. Selbst im Keramikhandwerk ausgebildet, entwickelte Leigh ein verstärktes Interesse an afrikanischer Töpferkunst und brachte davon inspirierte Formen in ihre Kunst ein. Das erste Mal konnte ich ihre monumentalen Skulpturen in einer Sonderausstellung aus Anlass des Hugo-Boss-Kunstpreises sehen, der ihr 2018 zugesprochen wurde. Aber Leighs Skulpturen haben eine Ausstrahlung und Größe, die wie geschaffen ist für den öffentlichen Raum und erscheinen mir in Museumsräumen zu beengt.

Die *High Line* ist ein genialer Ort für Neuentdeckungen. Sie ist ein beliebter begehbarer Park über den Straßen Manhattans, der ursprünglich auf Privatinitiative hin aus einer stillgelegten Güterzugtrasse entstand. Ich habe besondere Erinnerungen an einen ersten Besuch dort: Abendsonne, Pflanzen, die mich überragen, aber fragil sind, und gleichzeitig eine gigantische Architektur, die sich silbern schimmernd zurücknimmt. Die *High Line* befreite mich auch bei späteren Besuchen immer wieder für eine kurze Zeit von der Schwere des Asphalts, den drückenden Wolkenkratzern und dem Gefühl, ständig zu langsam zu sein. Und sie bescherte mir Kunst am Wegesrand. Das Gemälde an der Hauswand vom letzten Besuch ist vielleicht schon wieder verschwunden, aber das Neue und stetig Wechselnde fasziniert auch. Manches Kunstwerk lässt sich erst mit der begleitenden Texttafel richtig erfassen, das meiste spricht aber für sich und verteilt sich sympathisch zurückhaltend zwischen blühenden Sträuchern, alten Schienen und bequemen hölzernen Sitzgelegenheiten. Ein immerwährender Hingucker ist auch das Gebäude der inzwischen verstorbenen

Stararchitektin Zaha Hadid: ein Symbol der Gentrifizierung, aber auch ein fantastisch geformtes Bauwerk, dessen eigentümlicher Anziehungskraft es sich nur schwer entziehen lässt.

Eines Tages stand ich dann einem neuen Abschnitt der *High Line* gegenüber, einem ganzen Platz – noch nicht zugänglich, aber schon vielversprechend. Über die Absperrung hinweg sah man bereits den Kopf der Skulptur *Brick House* von Simone Leigh. Das weibliche Gesicht mit einem Afro gekrönt, von Cornrow-Zöpfen umrahmt, die jeweils in einer Kaurimuschel enden. Ich erfuhr, dass dieser neue Platz *Spur* heißt. Dieser letzte gerettete Abschnitt der alten Trasse und somit heutigen *High Line* ist für immer der Kunst gewidmet und jeweils für 18 Monate mit einem Kunstwerk bestückt. Hier fuhren früher die Güterwaggons zur bequemen Weiterverarbeitung der Ware direkt in die Gebäude hinein. Dass etwas so modern Anmutendes ein Relikt der Vergangenheit ist, scheint mir typisch für New York.

Als der neue Platz freigegeben war, stand ich vor der ungefähr fünf Meter hohen Bronzeskulptur. Der Kopf einer Schwarzen Frau sitzt auf einer gewölbten Form. Diese könnte ein Kleid oder auch eine Behausung sein. Darüber dachte ich im ersten Moment jedoch gar nicht nach. Ich sah nur in dieses Gesicht, das ohne Augen auskommt und doch zu erkennen scheint. Es hat eine würdevolle Anmutung. Mit dem Platz selbst konnte ich mich spontan nicht anfreunden, umso mehr freute ich mich über den Kontrapunkt in menschlicher Gestalt. Gleichzeitig hat auch die Skulptur eine entrückte Größe und wirkt eher wie eine Gottheit. Dieser Eindruck wird sicher auch durch das Fehlen individueller Gesichtszüge verstärkt. Die Skulptur repräsentiert eine größere Gemeinschaft.

Brick House stand, während ich darüber schrieb, schon nicht mehr an diesem Platz, aber ihre Schöpferin präsentierte ihre Arbeiten vor großem Publikum: Leigh vertrat die USA auf der Biennale in Venedig 2022 – als erste Schwarze Künstlerin. Sie erhielt für *Brick House* zudem den »Goldenen Löwen« als beste Künstlerin.

Leigh zeigte in Venedig außerdem eine Serie von neuen Skulpturen: eine monumentale Bronzearbeit für den Vorplatz und weitere zusammenhängende Arbeiten aus Keramik, Bronze und Bast. Eine der Kuratorinnen des US-Pavillons auf der Biennale, Eva Respini, sagte, dass Leighs Arbeiten Leuchtturmfunktion hätten. Simone Leigh, wie auch die nachfolgend vorgestellten Künstlerkolleginnen Kara Walker und Wangechi Mutu, erobern für sich, ihre Kunst und ihre Historie einen gebührenden Platz.

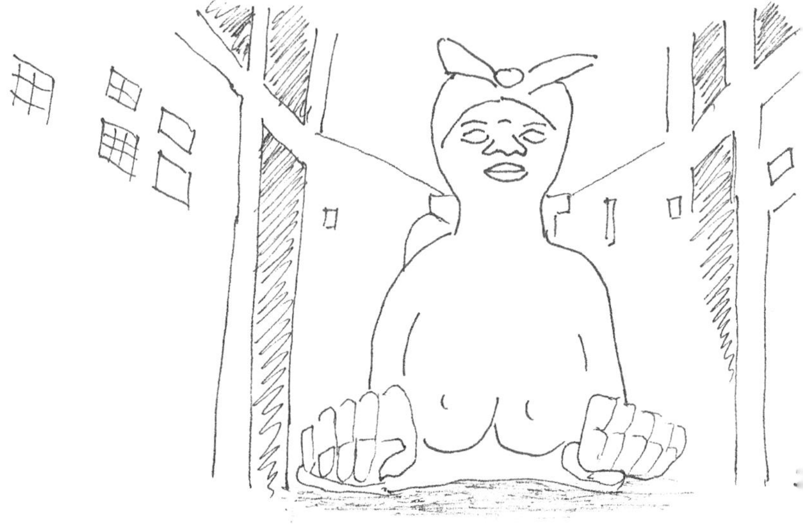

Die Schwarze Sphinx aus weißem Zucker war selbst für New Yorker Verhältnisse spektakulär. Die Skulptur wurde ein Instagram-Hotspot – auch für anzügliche Fotos aller Art. Kara Walker ist eine mutige und provokante Künstlerin und beobachtete ihrerseits die Reaktionen der Besucher:innen.

Kara Walker:

Scherenschnitt und Sphinx

Kara Walker revolutionierte den klassisch geschulten Blick, indem sie eine Schwarze Sphinx schuf. Das überdimensionale Kunstwerk aus Zucker entstand 2014. Es war in einer ehemaligen Zuckerfabrik in *Williamsburg* zu sehen, die in den letzten Jahren zu einem großen Wohnkomplex mit Parkanlage umgebaut wurde. Das Gesicht der Sphinx ähnelte nicht ohne Grund dem einer jamaikanischen Zuckerrohr-Erntehelferin. Das Ernten des Zuckerrohrs war Sklavenarbeit, auf der auch der große ökonomische Erfolg dieser Fabrik in New York fußte. Walker hat mit ihrem Kunstwerk einen »weißen« Fleck in der Geschichtsschreibung zum Thema gemacht und eine marginalisierte Arbeiterin zur Sphinx.

Nebenbei war die Skulptur, die unter dem Namen *Sugar Baby* in den Kunstkanon einging, auch das größte öffentlich präsentierte Einzelkunstwerk, das bis dahin in New York gezeigt wurde. Mit vollem Titel hieß das heute nicht mehr existierende Kunstwerk *A Subtlety, or the Marvelous Sugar Baby*, was sich frei ungefähr mit »Eine Raffinesse oder Die wunderbare Zuckerpuppe« übersetzen lässt. Ein Team von 20 Arbeiter:innen hatte dafür 40 Tonnen Zucker, Wasser und Harz über ein Skelett aus Schaumstoff ausgebreitet. Dabei heraus kam eine genauso große Provokation, wie der Titel schon anzeigt. 130.000 Besucher:innen sahen die Sphinx in ihrer dominanten Körperlichkeit. Deutlicher kann man kaum in Szene setzen, auf wessen Kosten und mit welchen Mitteln der weiße Wohlstand in den USA zustande kam. Gleichzeitig wird das Opfer hierbei zu einem gigantischen Racheengel – so kommt es mir jedenfalls beim Betrachten der Fotos vor. Das hielt aber die Massen nicht ab, sondern zog sie im Gegenteil magisch an. Die Skulptur war ein beliebter Social Media Spot.

Bekannt wurde Kara Walker zunächst durch Scherenschnitte mit Motiven aus der Zeit der Sklaverei. In scharfem Kontrast zur eher als altmodisch und betulich assoziierten Technik des Scherenschnitts werden gewalttätige Szenen gezeigt, die nichts auslassen, was wir mit der Unterdrückung und (auch sexuellen) Ausbeutung von Sklav:innen verbinden. Die Kombination von harmloser, aber höchst kunstvoll ausgeführter Technik und den dargestellten Inhalten kann wie ein Schlag ins Gesicht wirken. Man fühlt sich überrumpelt und versteht die Botschaft im nächsten Sekundenbruchteil. Auch hier sind die Mittel präzise gewählt. Falls sich die eine oder der andere wundert – es gibt entsprechende Triggerwarnungen bei Kara-Walker-Ausstellungen. Die Wirkmächtigkeit ihrer Kunst ist außer Frage, Walker positioniert sich (selbst-)bewusst als politische

Künstlerin. Gegenwind ist ihr auch nicht unbekannt. Sie wurde sehr dafür kritisiert, selbst Stereotype zu nutzen und die Opferrolle zu zementieren, anstatt darüber hinauszuweisen.

Kara Walker arbeitet von ihrem Atelier in *Industry City*, Brooklyn, aus und ich bin sicher, dass ihre künstlerische Stimme in Zukunft noch öfter an prominenter Stelle zu vernehmen sein wird. Die Frankfurter *Schirn Kunsthalle* zum Beispiel zeigte im Winter 2021/22 eine umfangreiche Werkschau ihrer grafischen Arbeiten.

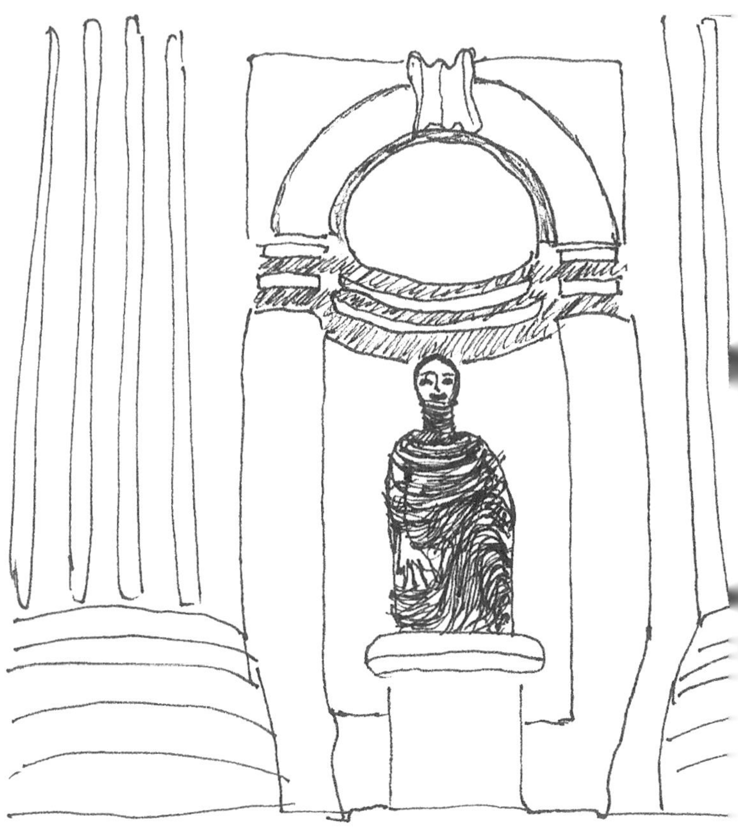

Wangechi Mutus weibliche Skulpturen bevölkern immer öfter die großen Museen in den USA. Auf der Zeichnung sitzt eine von ihnen in der Nische der Außenfassade des *Metropolitan Museums of Art* und lädt das Gebäude mystisch auf. Noch nie zuvor waren diese Nischen in der Außenmauer besetzt – wenn das kein positives Signal ist, dass Mutus ›Botschafterinnen‹ dies zum ersten Mal taten!

Wangechi Mutu:

Botschafterinnen aus der Zukunft

Vor einiger Zeit entdeckte ich, dass es erneut Skulpturen einer Künstlerin mit afrikanischen Wurzeln in die große Öffentlichkeit geschafft haben. Wangechi Mutus Bildnisse standen, futuristisch anmutend, in den zuvor leeren Nischen an der Fassade des *Met*, des *Metropolitan Museum of Art*. Sie wirkten wie Botschafterinnen aus der Zukunft und einer reichen Historie zugleich. Eine wunderbare Idee des Museums, die Künstlerin vor den eigenen Toren ein solch eindrucksvolles Zeichen setzen zu lassen. Der Titel von Mutus Arbeit klang verheißungsvoll: *The NewOnes, will free Us*.

Wangechi Mutu, die in Kenia geboren wurde und in New York lebt und arbeitet, konnte sich zunächst durch Collagen von Frauengestalten einen Namen machen und stellte u.a. im *Brooklyn Museum* aus. Für das Kunstprojekt mit dem *Met* betrachtete sie eingehend die antiken griechischen Statuen und afrikanischen Frauenbildnisse der Sammlung. Ihr fiel auf, dass sie alle etwas stützen oder tragen müssen, manchmal sogar den Thron eines Mannes. Davon sollten sich ihre Frauenfiguren abheben. Zunächst gezeichnet und in 3-D gerendert, entstanden die handwerklich aufwendigen Bronzen, die als letzten Schliff einen Farbbrand erhielten.

Zwei der vier *Sitzenden* erinnern an Herrscherinnen, zwei an Wächterinnen. Die Körper sind von einer organisch wirkenden Struktur umschlungen. Die Künstlerin selbst sagt dazu, dass diese Umschlingungen den Frauenkörpern Schutz und Distanz geben sollen, dass sie eine Art Rüstung darstellen. Sie geben ihnen auch eine außerirdische Wirkung. Mutus Frauenfiguren rufen ganz viele Assoziationen hervor – und auch Neugierde. Ich würde gerne hören, was sie zu berichten oder verkünden haben. Und welche Visionen für die Zukunft sie uns mitgeben wollen …

Während ich die Skulpturen betrachte, muss ich außerdem an den erfolgreichen Kinofilm *Black Panther* denken. Ich sah ihn in einem voll besetzten Kino in Brooklyn mit vielen begeisterten amerikanischen Teenagern und Erwachsenen, Eltern und Kindern. Wangechi Mutus Figuren erinnern mich an die Filmszene mit der großen Versammlung der Stämme. Durch die Netflix-Serie *Abstrakt: Design als Kunst* weiß ich jetzt auch, wer für die fantastische Filmausstattung und damit für die bleibenden visuellen Eindrücke zuständig war: die schwarze Kostümdesignerin Ruth E. Carter. Sie ließ sich von afrikanischen Formen, Farben und Mustern inspirieren und verarbeitete in den Kostümen Textilien, Schmuck und weitere Fundstücke aus Afrika- und

Vintage-Läden. Ich finde es faszinierend, wie Carter aus schöpferischen Rückbezügen wiederum eine neue Welt erschuf. Dem Publikum hat die filmische Kunstwelt Hoffnung gemacht – in den Köpfen der Menschen wird das Gesehene in eine mögliche Realität übersetzt.

Wangechi Mutu wiederum hatte 2021 im *Fine Arts Museum of San Francisco* eine spektakuläre Werkschau. Ihre mythologisch-futuristischen Skulpturen nahmen bereits den Eingangsbereich ein und verwandelten das Gelände in eine unwirkliche Szenerie. Nur um die abgehobene Wirkung grausam zurück in unsere Wirklichkeit zu holen. Zu Füßen von Rodins *Denker* lagen unter geflochtenen Planen zwei Frauen, von denen man nur die lebensecht nachgebildeten Arme und Beine sah, während die farbigen Sandalen von den Füßen gerutscht waren. Und vermutlich werden wohl alle Betrachter:innen dasselbe assoziieren: dass diese schwarzen Frauen eines gewaltsamen Todes gestorben sind. Mutu hat sie zum Gedenken an Nia Wilson und deren Schwestern geschaffen. Nia Wilson wurde 2018 von einem weißen Rassisten in Oakland, Kalifornien, ermordet. Die Künstlerin legte ihre Skulpturen dem *Denker* zu Füßen – und schuf einen Raum für das Gedenken. Die ermordeten Frauen sind dem Vergessen und Verdrängen, der Marginalisierung entrissen und bilden eine größere Einheit, die uns auffordert, Anteil zu nehmen. Wangechi Mutu verfügt über ein enormes Repertoire an künstlerischen Ausdrucksformen und hat ein ungeheuer spannendes Werk geschaffen. Es hielt den klassizistischen Hallen des *Fine Arts Museum of San Francisco* nicht nur stand, sondern katapultierte sie in eine neue Zeit. Die Ausstellung hieß »I am speaking, are you listening?« und mein erster Eindruck, dass uns die Frauenfiguren vor dem *Met* etwas sagen wollen, hat wohl nicht getäuscht. Verschiedene große Museen haben Mutus Arbeiten bereits erworben. Ihre Skulpturen sind eine absolute Bereicherung für jeden öffentlichen Raum und werden sich dort hoffentlich auch bald einen dauerhaften Platz erobern.

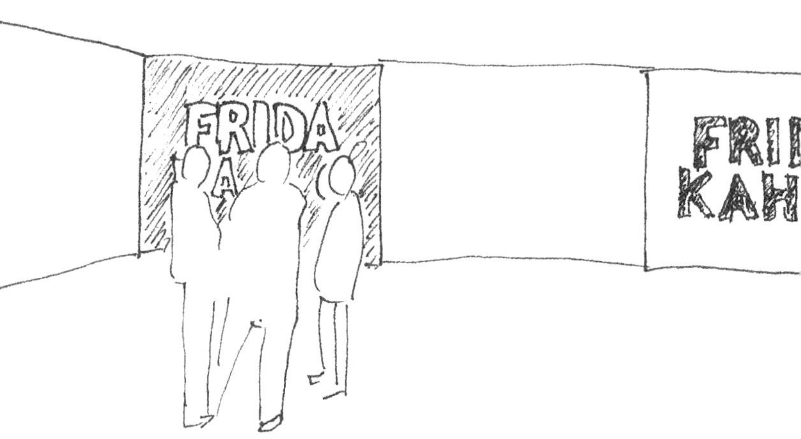

Die Aufmachung der Frida-Kahlo-Ausstellung im *Brooklyn Museum* war pures Understatement: Frida Kahlo ist so bekannt, dass man nicht sie oder eines ihrer Werke als Eyecatcher nutzt, sondern nur auf ihren Namen setzt. Neontafeln in Blau und Rosa schmückten die Eingangshalle.

Frida Kahlo:

Der Kult

Frida Kahlo (1907 - 1954) ist in den Museumsshops und Buchläden New Yorks omnipräsent, meistens reduziert auf geflochtene Haare mit Blumen darin und auf die berühmte Monobraue. Aber auch auf der Straße und im Alltag sieht man ihr Porträt auf Wandgemälden oder bei einem Schulprojekt. Und nun ein Werbeplakat für eine große »Frida-Kahlo-Schau« im *Brooklyn Museum*, verbunden mit Worten, die klar machen, dass es sich um etwas Einzigartiges handelt. Aber so ganz genau lässt sich nicht herausfinden, was es damit auf sich hat. Jedenfalls scheint es naheliegend, dass es bei einer solchen Ankündigung in einer Stadt wie New York schwer werden dürfte, später noch an Tickets zu kommen ... also schnell eins gebucht. Natürlich machten es alle anderen genauso, im Nu waren die Tickets ausverkauft und der Hype hatte funktioniert. Ich ergatterte einen der viertelstündlichen Timeslots, an einem x-beliebigen Nachmittag, egal, Hauptsache dabei sein.

Schließlich war es so weit, und ich machte mich auf den Weg zum *Brooklyn Museum*, einem beeindruckenden neoklassizistischen Bau mit modernem Eingangsbereich. Dieser soll den Kunstgenuss ›demokratisieren‹ und es erleichtern, den Weg hineinzufinden. Die Absicht, ein Museum für alle zu schaffen, scheint aufgegangen zu sein, denn auf dem Platz davor und in der Eingangshalle ist immer etwas los: Das Museum ist ein echter Anziehungspunkt. Manchmal gibt es auf der Wiese davor temporäre Installationen, die fleißig von Kindern erklettert werden oder als Fotohintergrund dienen. Es gibt Jazz-Musik drinnen und einen Steel-Drummer-Wettbewerb draußen. Die Themen der großen Ausstellungen – beispielsweise über Tiermumien aus Ägypten – sind meist ungewöhnlich und ziehen die neugierigen Besucher:innen in Scharen an. Und diesmal also Frida Kahlo.

Der Empfang war mit großen Neontafeln beleuchtet: Auf Blau prangte in Rosa der Schriftzug »Frida Kahlo« und umgekehrt auf Rosa in Blau. Ein fast hypnotischer Eyecatcher, dem man sich schwer entziehen konnte. Ich stellte mich in den Wartebereich für meinen Timeslot und als ich einen ersten Blick in die Ausstellungsräume werfen konnte, sah ich die Besucher:innen in einer durchgängigen Schlange von einem Exponat zum nächsten stehen und musste meinen spontanen Fluchtinstinkt bekämpfen.

Ja, da hingen auch ihre faszinierenden Gemälde – *auch*. Ansonsten bekam ich Dinge zu sehen, von denen ich eher dachte, dass sie mich nichts angingen: Medikamentendöschen, Medizinflaschen, Lippenstifte und Parfüm-Flacons. Ich musste plötzlich an *Die Kameliendame* denken und an die Versteigerung der Besitztümer nach ihrem Tod. Weiter ging es mit einer Beinprothese und dem bemalten Gipskorsett, das an die unendlichen Schmerzen erinnert, die die Künstlerin erleiden musste. Dann kamen viele, viele Kleidungsstücke, die, zentral präsentiert, zusammen mit Schmuck und anderen Accessoires zeigen sollten, wie Frida Kahlo eine Stil-Ikone aus sich gemacht hat. Das mag inszeniert ausgesehen haben, ging mir durch den Kopf, aber vielleicht entsprach es ihr auch einfach. Ratlos betrachtete ich die Auslage des kleinen Museumsshops in der Ausstellung. Der Katalog zur Schau ist eine Art Coffee-Table-Book über Stoffe, Farben und Muster. Ich komme normalerweise schwer an Kunstkatalogen vorbei, aber diesen konnte ich einfach nicht kaufen.

Bei vielen der gezeigten Exponate handelt es sich um die »Fundstücke«, die alle in einer Kammer in Frida Kahlos ehemaligem Wohnhaus, das heute ein Museum ist, unter Verschluss gehalten wurden. Zunächst wurden sie wohl absichtlich nach ihrem Tod weggeschlossen, dann aber vergessen, denn sie kamen erst 2004 durch Umbauarbeiten zufällig wieder zum Vorschein. Die lange Pilgerschlange, die sich sonst vor dem Einlass in das *Blaue Haus* der Künstlerin bildet, hatte sich nun eben ins *Brooklyn Museum* verlagert. Ein überwiegend spanischsprachiges Publikum machte sich fachkundig ans Begutachten der Dinge aus der »Heimat«. Und ich begann zu zweifeln, ob ich bisher auch nur eine leise Ahnung von dieser Künstlerin hatte – trotz des Films, trotz der gelesenen Bücher und trotz der ausgiebig und oft betrachteten Gemälde. Hier entstand auf einmal eine intime Wucht, die gar nicht leicht auszuhalten war.

Ich zwang mich dazu, wenigstens eines der Gemälde genauer anzusehen, um mich zu erinnern, warum ich eigentlich hier war: um diese bohrend realistischen und gleichzeitig surrealen Bilder zu bewundern! Beim Hinausgehen fand sich eine Bank, auf der man sich vor einem Frida-Porträt fotografieren lassen, oder Selfies machen konnte … Ich machte einen Bogen darum.

Eigentlich sollte ich ja nichts dagegen haben, wenn eine Künstlerin so richtig »Kult« ist, mehr Popstar als Malerin. Da gehört die Heldinnen-Verehrung eben dazu. Frida Kahlos Leben war tragisch und faszinierend. In der medial ausgeschlachteten Form droht es jedoch, ihr Werk in den Hintergrund zu drängen, und gleichzeitig immer mehr zu verflachen – mit jeder weiteren Harmlosigkeit à la Schlüsselanhänger, Kinderbüchlein und Schachfigur. Dass Frida Kahlos blumengeschmückte Haare allerdings zu einem Symbol für emanzipatorische Weiblichkeit wurden, ist schon eine geniale Wendung des Schicksals. Und was meine Scheu ihren privaten Besitztümern gegenüber betrifft: Frida Kahlo hätte es vermutlich gefallen, mit vitaler Intimität zu erschrecken. Dann werde ich wohl meinen Frieden damit machen. Und mich über ihren Ruhm freuen – verdient ist er allemal. Ihre Bilder sind aus der Kunstgeschichte nicht mehr wegzudenken.

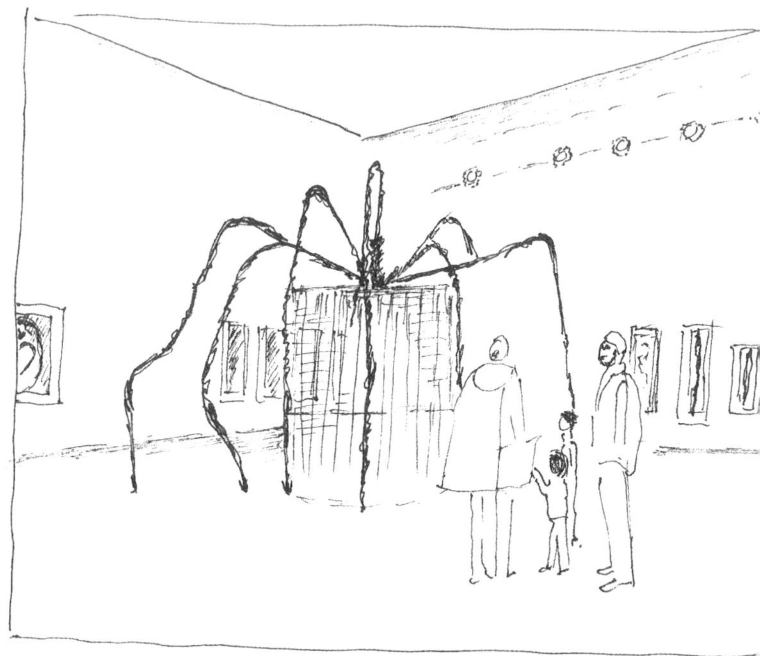

In der Ausstellung von Louise Bourgeois' Werken im MoMA ging es zwar überwiegend um grafische Arbeiten von ihr, aber die berühmte Mutter-Spinne auf dem Käfig durfte trotzdem nicht fehlen. Eine Menschenmutter mit ihren Kindern bei diesem Kunstwerk zu sehen, war ein schöner Kontrast.

Louise Bourgeois:

Kunst als Aderlass

Auch Louise Bourgeois (1911 – 2010) ist längst in den kunstgeschichtlichen Kanon aufgenommen, war schon zu Lebzeiten eine verehrte Künstlerin und ein Enfant terrible. Es gibt ein berühmtes Foto von ihr, das Robert Mapplethorpe 1982 aufnahm. Darauf ist Bourgeois in einer fedrigen Jacke, mit einer übergroßen Penis-Skulptur *(Fillette)* unter dem Arm und einem Grinsen im zerfurchten Gesicht zu sehen. Zweifellos eine gezielte Provokation. Das Foto landete zwar wie geplant auf dem Ausstellungskatalog zu einer Retrospektive ihrer Arbeiten im *Museum of Modern Art*, aber um den wesentlichen Teil beschnitten. Bevor ich das Foto zum ersten Mal in Gänze sah, kannte ich das beschnittene Bild und konnte mir ihren Gesichtsausdruck nicht erklären – wenn man das komplette Foto sieht, ist er verständlich.

Einige der phallischen Plastiken von Bourgeois, die ich 1990 bei einer Ausstellung im *Lenbachhaus* in München gesehen habe, empfand ich aufgrund der Ausführung und der Titel beängstigend. Unter den im *Lenbachhaus* gezeigten Werken befanden sich auch eine weibliche Gottheit und ein Tier-Mensch-Wesen mit vielfachen Brüsten *(Nature Study)*. Weiter gab es abstrakte Skulpturen mit Mischformen, die sich als »phallische Busenformen« umschreiben lassen. Die Künstlerin selbst bezeichnete diese Mischformen als »präsexuell«. Neben den eindeutig sexuell konnotierten Arbeiten waren auch andere Zeichnungen und Holzplastiken zu sehen. Doch die zuvor beschriebene Formensprache hatte etwas Zwingendes und beherrschte die Aufmerksamkeit. Das Verstörende waren nicht die Naturformen, die Darstellung der Dualitäten der Geschlechter oder deren vorangehende Einheit, sondern diejenigen Ausführungen, die Missbrauch und exzessive Auseinandersetzung damit assoziieren ließen. Ich war beeindruckt vom Mut und Ausdruckswillen dieser Bildhauerin, aber auch etwas überfordert von der drastischen Plastizität.

Drei Jahre später, 1993, sah ich Bourgeois' Ausgestaltung des Amerikanischen Pavillons auf der Biennale in Venedig. Eine düstere Installation, die ich als eine Art künstlerische Folterkammer in Erinnerung behielt. Ich war froh, nach dem Betrachten zurück in die venezianische Sonne zu dürfen. Am liebsten hätte ich mich geschüttelt wie nach einem Albtraum und vergessen, dass da lebensecht nachgebildete menschliche Einzelteile hinter Gittern lagen. Ihre Werke anzusehen, kam mir vor wie Geisterbahnfahren. Man weiß, dass einem die Gespenster nichts anhaben können, aber man gruselt sich trotzdem. Louise Bourgeois hat selbst oft geäußert, dass die künstlerische Arbeit der geistigen und psychischen Gesundheit diene. Ich verstand sie vor diesem Hintergrund als künstlerischen Aderlass.

Dennoch besuchte ich eine Sonderausstellung zu Louise Bourgeois' Werk im MoMA. Zu Beginn erwartete die Besucher:innen eine riesenhafte Spinne, die über einem Käfig thront. Und natürlich war sie eine der Hauptattraktionen und wurde fleißig umwandert. Auch im Treppenhaus befand sich eine Bronze-Spinne an der Wand. Die Spinne wird in Bourgeois Bildsprache oft mit der ›Mutter‹ gleichgesetzt. Da die Mutter der Künstlerin wertvolle Teppiche restaurierte und an der Skulptur Teppichstücke angebracht sind, liegt der biografische Bezug nahe. Zudem hat die Künstlerin diesen Bezug auch in ihrem Buch *Ode à Ma Mère* direkt hergestellt. Es ist wichtig zu wissen, dass Louise Bourgeois ein gutes Verhältnis zu Spinnen hatte und dies keine weitere albtraumhafte Assoziation ist. Ihre Beziehung zur Mutter war eine sehr enge und wohlgesonnene. Künstlerisch vernichten wollte sie ihren verhassten Vater. Ich bin fasziniert von der Spinne, die für mich in dieser Größe und in Kombination mit Mutterschaft keine positive Assoziation zulässt, sondern mich im Gegensatz dazu eher auf »Nach der Begattung die Männchen fressen und allein mit den befruchteten Eiern bleiben«-Gedanken bringt. Aber auch das wäre wohl im Sinne der Künstlerin gewesen, zumindest ihre Herkunftsfamilie betreffend.

Szenenwechsel. Ich war bei den grafischen Werken angekommen und sah eine Vielzahl an abstrakten Arbeiten in Rot und Blau, deren Linien und Formen mich für sich einnahmen. Staunte über die Abbildungen und Skulpturen von Schwangeren mit ihren Embryos, die sich außerhalb des Bauches befinden, aber mit der Nabelschnur verbunden blieben. Verliebte mich in Bourgeois' Stoffbücher und die Siebdrucke auf Stoff und die Idee dahinter: »Fabric of Memory«. Ich befand mich in einer komplett neuen Bourgeois-Welt, die mich meditativ versinken ließ und zugleich meine Entdeckerinnenlust weckte und neugierig auf mehr machte. Nicht zuletzt konnte ich hier auch die bekannten *Femme de Maison*-Arbeiten wieder entdecken, Abbildungen einer nackten Frau, der anstelle eines Kopfes ein Haus auf dem Rumpf sitzt. Diese Grundform wurde von der Künstlerin immer wieder aufgegriffen und variiert. Und sie findet sich auch in einer poetischen Holzskulptur wieder, die von Bourgeois mit dem Namen ihres Sohnes, *Portrait of Jean-Louis*, betitelt wurde.

Bourgeois wurde zwar nicht berühmt mit diesen Arbeiten, die mich so für sie einnahmen, doch auch sie sind Teil ihres künstlerischen Kosmos. Und sie ziehen sich durch alle künstlerischen Phasen, obgleich sie besonders ihr Alterswerk bestimmen. Dieses ist abstrakter, gleichzeitig durch ihren charakteristischen Strich bei den Zeichnungen sehr intim. Das Spätwerk verdeutlicht ein weiteres Mal, dass Bourgeois' Gestaltungswille umfassend war. Er bezieht jegliches Material in ihrer Nähe und alle Techniken mit ein, die dafür künstlerisch zur Verfügung standen: Bücher ließen sich auch nähen, und abstrakte Gebilde gelangten per Siebdruck auf Stoff. Bourgeois beherrschte eine Vielzahl an Materialien und Techniken und fand geeignete Kooperationspartner:innen zur Umsetzung. Was auch immer sie in die Hand nahm: Es entstanden originäre Werke. Von der großen Bronze bis zur zarten Radierung, von Stoff über Latex bis Holz und Marmor – Bourgeois ist Bourgeois. Die ganze Vielfalt sichtbar gemacht zu haben, ist unter anderem der Kuratorin Deborah Whye zu verdanken. »An Unfolding Portrait. Prints, Books, and the Creative Process« war jedenfalls eine überaus gelungene Ausstellung.

Vielleicht hätten mich Bourgeois grafische Arbeiten weniger fasziniert, wenn ich vorher nicht mit ihr durchs Höllental gewandert wäre? Wer weiß. Auf alle Fälle trage ich nun hellblaue Linien auf einem Regenschirm mit mir herum. Sie dürfen mich gerne beschützen und vielleicht klemme ich mir den Schirm ja auch mal unter den Arm.

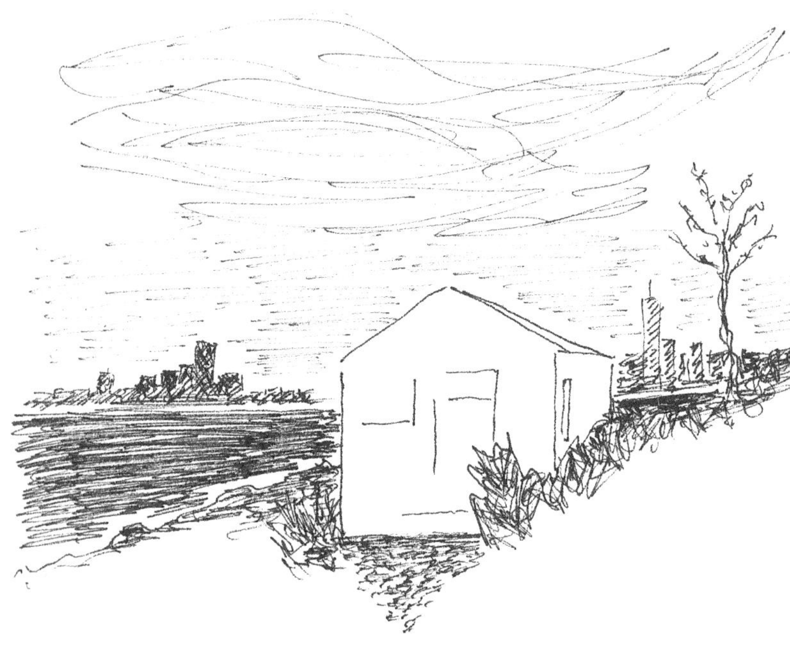

Das Kunstwerk *The Cabin* von Rachel Whiteread thront auf einem Hügel der Insel *Governors Island*. Es wächst im Laufe des Jahres allmählich zu, bevor es im Winter um es herum wieder kahl wird und der Fährbetrieb von Manhattan auf die Insel eingestellt wird. Kunstwerk und Insel sind immer einen Besuch wert.

Rachel Whiteread:

Die Hütte auf der Insel

Irgendjemand brachte uns auf die Idee mit der Insel - einfach hinüber mit der Fähre, direkt aus dem Finanzdistrikt heraus und hinein in einen gefühlt småländischen Sommer auf *Governors Island*. Es waren auch noch viele andere Menschen auf dem Weg ins Inselparadies, aber im Nu verteilten sie sich, und wir hatten die leichte Brise, die hohen Bäume und das Grün für uns. Entdeckten verlassene Garnisonsgebäude, saßen auf roten Bänken, erreichten später einen langgestreckten Torbogen, von dem herab eine Installation grüßte. Dahinter befanden sich vereinzelte Fressstände und vor allem ein Fahrradverleih. Es gab lustige Fahrzeuge, bei denen alle treten können, aber nur eine:r lenken und bremsen - das machte meine Tochter. Ich rief »Halt«, und sie setzte mich am Fuße eines kleinen, dicht bewachsenen Hügels ab, auf dessen höchster Erhebung *The Cabin* von Rachel Whiteread thront. Da wollte ich hin.

Rachel Whiteread ist eine Bildhauerin aus England, die in New York auch schon vor *The Cabin* keine Unbekannte mehr war, da sie mehrere Kunstprojekte vor Ort realisiert hatte. Whiteread wurde bekannt mit Abgüssen von Objekten und Räumen, die sie teilweise selbst erschuf, teilweise von bereits existierenden Gegenständen abnahm. Sie erhielt 1993 – als erste Künstlerin überhaupt – den renommierten *Turner Prize*, wurde aber auch mit harscher Kritik bedacht. Ihr bekanntestes Kunstwerk ist wohl das *Mahnmal für die österreichischen jüdischen Opfer der Schoah* in Wien, das im Jahr 2000 enthüllt wurde. Es zeigt eine Bibliothek, deren Bücher nach außen gekehrt die Lebensgeschichten der Ermordeten symbolisieren sollen und deren Flügeltüren nicht zu öffnen sind.

Mit *The Cabin* wollte die Künstlerin einen Platz der Erinnerung schaffen – früher hätte man von hier aus auf das *World Trade Center* gesehen. Langsam ging ich den gewundenen Pfad hinauf und blieb vor der Tafel mit den Erklärungen stehen. Eigentlich entdecke ich lieber selbst, aber hier hätte ich vielleicht das eine oder andere übersehen, wenn ich nicht gewusst hätte, dass man ruhig den Blick seitwärts auf den Boden richten sollte. Die Künstlerin hat die Gegenstände, die sie im Gebüsch vorfand, in Bronze gegossen verewigt. Also finden sich zum Beispiel ein einzelner Schuh genauso wie eine leere Blechbüchse als permanente Kunstwerke wieder.

Oben angekommen, wäre ich zu gerne hineingegangen, in diese kleine Hütte auf dem Berg … sie blieb ein hermetischer Block. Das, was eigentlich die inneren Wände hätten sein können, ist nun wie umgestülpt die Außenhaut. Ganz in Weiß gehalten, wird *The Cabin* zum abstrakten Kunstwerk. Die erkennbare Struktur besteht aus Linien und Formen, die, je nachdem wie das Licht darauf fällt, plötzlich wirken wie eine Zeichnung auf einer Leinwand. Einmal sah ich ein Gesicht, ein anderes Mal etwas Haptisches, das man gerne berührt. In der Ferne glitzerten das *One World Trade Center* und Manhattan. Vielleicht dachte ich mir dasselbe wie viele andere Besucher:innen: Wie genial es wäre, auf einem Berg in einem kleinen Haus auf einer Insel zu leben und auf die weltberühmte andere Insel hinüberzusehen.

Ich lehnte mich an einen Vorsprung in der Hauswand und blickte nun in Richtung Freiheitsstatue, beobachtete eine der berühmten orangefarbenen *Staten-Island*-Fähren, folgte mit meinen Blicken den vielen Segelschiffen, sah die Radfahrer:innen auf der Promenade, und wusste, dass ich wiederkommen würde.

Beim nächsten Besuch stand Halloween kurz bevor und die angrenzende Wiese war mit riesigen Kürbissen übersät. Mittendrin stand ein großes weißes Zelt mit Bastelmöglichkeiten für Kinder und von der Fähre schwappte eine Schar kleiner Harry Potters und Hexen. *The Cabin* kam mir dieses Mal schon sehr vertraut vor. Bei jedem weiteren Ausflug nach *Governors Island* machte ich einen Abstecher an der Hütte vorbei und bemerkte, dass sie mir gegen Heimweh half. Das kleine, im Laufe des Jahres immer mehr zugewachsene Gebäude kam mir wie ein Andenken aus einer anderen Welt vor. Und gleichzeitig rief es Fernweh hervor. Von hier aus sind die Blicke so frei, da muss eine ja auf Reisen gehen wollen.

Kunst auf der Insel gehört zum Konzept und es gibt neben der festen Installation von Rachel Whiteread an anderen Orten wechselnde Kunstwerke zu sehen. Mit Besuch aus Deutschland entdeckte ich zum Beispiel in einer ehemaligen Kapelle die riesengroße Papierinstallation *The Eclipse* von Jacob Hashimoto. Diese Installation mutete wie ein gigantisches, aus der Form geratenes Wespennest an, das wir andächtig umwanderten. Die Kunst erweckt die ansonsten nicht mehr genutzten Gebäude oftmals wieder zum Leben. So auch beim Projekt der Künstlerin Shantell Martin, die die Kirche *Our Lady Star of the Sea* innen und außen neu gestalten durfte und das mit schwarz-weißer Grafik und Möbelelementen in Buchstabenform eindrucksvoll tat. Schwer fällt der Abschied im Herbst, wenn der Fährbetrieb über den Winter eingestellt wird. Gleich in den Plan sehen, wann die erste Fähre im Frühling fährt – ich werde bestimmt an Bord sein. Und mich auf *The Cabin* von Rachel Whiteread und alles andere freuen, das es dort zu entdecken gibt.

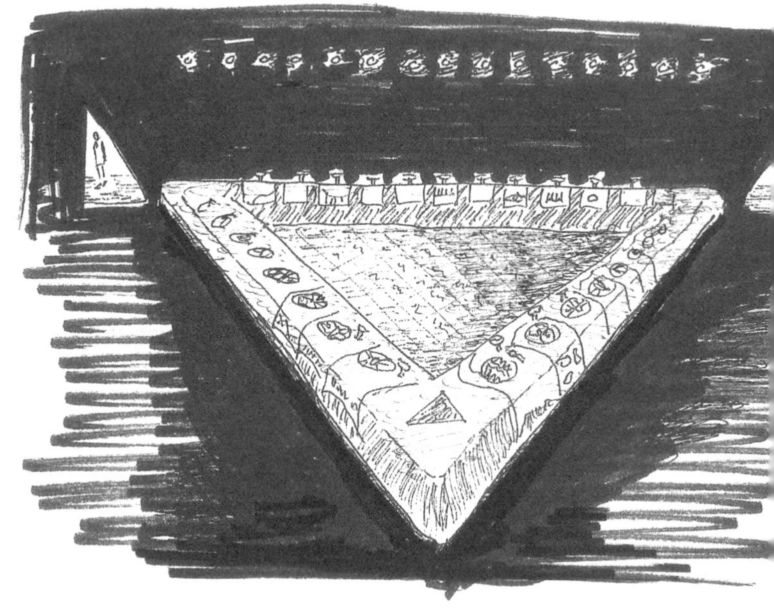

Judy Chicagos *Dinner Party* hat im *Brooklyn Museum* einen dauerhaften Platz gefunden. Sie wird perfekt in Szene gesetzt: Der Raum ist komplett abgedunkelt und nur von ein paar wenigen Spotlights beleuchtet.

Judy Chicago:

Die etwas andere *Dinner Party*

Judy Chicagos Kunst bin ich 1987 in Frankfurt das erste Mal begegnet. Das Frauenkulturhaus in München hatte eine Busfahrt organisiert und wir Frauen verschiedensten Alters fuhren voller Spannung los, um die berühmt-berüchtigte *Dinner Party* in der *Schirn Kunsthalle* zu sehen. Ich hatte nicht viel darüber gelesen, weil ich mich von der negativen Kritik nicht weiter beeinflussen lassen wollte. Denn dass die Kritiker:innen sich ereiferten, war angekommen bei mir. Was war der Grund?

Heute ist das mehr denn je klar – Judy Chicago war dabei, sich in der Kunstwelt einen Namen zu machen, und sie hatte mit ihren Mitarbeiter:innen gerade das erste monumentale feministische Kunstwerk überhaupt geschaffen. Ein Kunstwerk, das vorwiegend mit Techniken erstellt wurde, die man gerne als »Handarbeiten« und damit nebensächlich beiseiteschiebt. Ein Kunstwerk, das Vulven zeigte. Für jede Frau stellvertretend eine. Das konnte so nicht einfach hingenommen werden.

Zur Zeit der Ausstellung in Frankfurt dachte man also, man könne Chicagos Werk als pornografisch denunzieren und die Künstlerin unter dem

Vorwand, das schade der Sache des Feminismus mehr, als es ihr helfe, persönlich diskreditieren. Die Angriffe gingen so weit, Chicago vorzuwerfen, andere Frauen ausgebeutet zu haben, um sich ins Rampenlicht zu stellen, ohne dass auch nur eine der Mitarbeiter:innen das selbst gesagt hätte – ganz im Gegenteil. Weiter glaubten die Kritiker:innen zu wissen, dass dieses Werk alles Mögliche sei, nur das eine nicht: Kunst.

Es ist traurig, das hier festhalten zu müssen, aber in den USA kam die erste negative Kritik von einer Kunstkritikerin und auch in Deutschland tat sich eine Frau besonders hervor damit, Chicago und ihr Kunstwerk zu verurteilen. Während die *Dinner Party* in den USA vom Publikum zunächst enthusiastisch gefeiert wurde, verschwor sich die klassische Kunstwelt gegen Chicago und ihr Projekt. Mit massiven Auswirkungen. Unabhängig davon, dass es am ersten Ausstellungsort endlose Besucher:innen-Ströme gegeben hatte, der finanzielle Erfolg für das Museum herausragend war und das Presseecho mehr als vielversprechend ausfiel, sagten weitere Museen die Ausstellungen wieder ab. Niemand wollte die *Dinner Party* mehr zeigen. Schlimmer hätte es nicht kommen können, wenn man bedenkt, dass dieses Kunstwerk ja gerade darauf ausgerichtet ist, ein visuelles Gedächtnis zu sein und den weiblichen Anteil an der Geschichte zu repräsentieren. Chicago selbst stand unter Schock, ihren Mitstreiter:innen erging es nicht viel besser.

In ihrer Autobiografie von 2021 schreibt Judy Chicago, dass sie dem Selbstmord nie so nah gewesen sei wie nach den Reaktionen auf die *Dinner Party*. Sie war aufs Land gezogen und hatte sich – abgeschirmt durch Freund:innen und Bekannte, die die Kommunikation mit der Außenwelt übernahmen – in die Arbeit an einem Buchprojekt gestürzt. Die *Dinner Party* war mit Sicherheit Judy Chicagos künstlerische Feuertaufe. Aber, was bekam ich denn damals in der *Schirn Kunsthalle* nun zu sehen und wie wirkte es auf mich?

Wir betraten einen dunklen Raum, in dem ein Dreieck installiert war: an jeder Seite dreizehn Gedecke für die repräsentierten Frauen, die quer durch die Menschheitsgeschichte stellvertretend für viele andere Persönlichkeiten stehen – und ich fühlte mich erst einmal beklommen. Ich dachte gleichzeitig: »Wie kann man darüber nur so erbittert streiten?« und »Ja, das ist sehr speziell«. Und dann versuchte ich alles zu vergessen, was im Kopf schwirrte und konzentrierte mich auf die Details der Gedecke und die Vielfalt an Hinweisen auf Geschichte und Herkunft der einzelnen gewürdigten Frauenfiguren, achtete auf Formen und Farben und ob ich persönlich fand, dass das jeweilige Gedeck zu der repräsentierten Frau passt.

Ich war beeindruckt, dass die Ausführung auch den Stil der jeweiligen Zeit aufnahm. Auch ein wenig verwundert, dass alles sehr realistisch und weniger abstrahiert dargestellt wurde, als ich vermutet hätte. Mir wurde bewusst, dass ich noch nie Vulven in einem öffentlichen Zusammenhang gesehen hatte, und es war mir damals schon klar, dass das weiterhin eher selten der Fall sein würde, ganz unabhängig davon, wie sich die Kunstwelt vielleicht in Zukunft veränderte. Es war deutlich zu spüren: Die *Dinner Party* ist eine Art Heiligtum. Da wird nicht gelacht oder gespottet, da entsteht eine spezielle Atmosphäre, der sich die Besucher:innen nicht entziehen können, und genau das ist es, was diese Installation so wertvoll macht. Es ist ein echter Frauenkunstraum entstanden, der in dieser Art nicht nur einzigartig war, sondern es auch geblieben ist.

In der Mitte des Dreiecks gibt es einen sogenannten *Heritage Floor*, auf dem weitere 999 Frauennamen eingraviert sind – sie sind im magischen Dreieck eingeschlossen. In ihrer hyperrealistischen Fleischlichkeit sind manche der Vulva-Teller für mich etwas *too much*. Trotzdem bin ich fest überzeugt davon, dass es die richtige Ausdrucksform für das ist, was Judy Chicago und ihr Team künstlerisch und politisch erreichen wollten: dass wir nicht mehr wegsehen können. Die Vulva: Von hier geht weibliche Sexualität aus. Die Heldin der Geschichte: Frauenleben ist wertvoll. Die Gemeinschaft: Wie würde unsere Welt aussehen, wenn Frauen ihre Kräfte bündeln?

Unsere Gruppe saß nachher zum Essen beisammen, mir war leicht mulmig im Magen, und diskutierte eifrig. Ich fasse das Ergebnis mal so zusammen: Wir hätten nicht die künstlerischen Mittel gewählt, die Chicago wählte, waren aber alle gerade deshalb schwer beeindruckt von dem Wagemut dieses Projektes und fanden es wichtig und inspirierend.

Umso aufgeregter war ich, als ich in New York förmlich wieder darüber stolperte. Bei einem Entdeckungsrundgang durchs *Brooklyn Museum* stand ich plötzlich vor dem *Elizabeth A. Sackler Center for Feminist Art* und schon allein diese Bezeichnung ließ mein Herz hüpfen. Kurz darauf stellte sich heraus, dass hier nicht nur die *Dinner Party* ihr dauerhaftes Zuhause gefunden hatte, sondern dass es auch eine ausführliche Dokumentation über den Entstehungsprozess zu sehen gibt und weitere Werke von Judy Chicago.

So konnte ich diese Künstlerin und ihre Arbeiten auch von einer neuen Seite her kennenlernen. Judy Chicago hat viele, eher der Männerdomäne zugeordnete Handwerkstechniken gelernt, sie kann schweißen und airbrushen und kennt sich mit Pyrotechnik aus. Ihr Werk umfasst monumentale Bilder genauso wie spektakuläre Farb-Happenings. Ihre im *Brooklyn Museum* ausgestellten Gemälde beeindruckten mich durch ihre energetische Farb- und kraftvolle Formgebung.

Das Wiedersehen mit der *Dinner Party* nach über dreißig Jahren war wie ein Wiedersehen mit einem Ort, den man lange nicht mehr gesehen hat. Da gibt es etwas Vertrautes, aber die Relationen sind andere. Natürlich wird mir jetzt nicht mehr flau im Magen und das Kunstwerk kommt mir kleiner vor als damals. Dafür nehme ich nun den Gesamtkontext mehr wahr und sage auch heute: Ohne die *Dinner Party* würde der Welt etwas fehlen. Das muss nicht allen passen, aber Judy Chicago hat Frauen und ihrer Sexualität auf einzigartige und konsequente Weise einen Platz in der Kunstgeschichte erobert.

Chicagos Schaffenskraft, Vielseitigkeit und vor allen Dingen konsequent feministische Einmischung in alle wichtigen Themen ihrer und unserer Zeit wird spät, aber dafür umso beeindruckender in den umfangreichen Retrospektiven deutlich, die zunächst das *Fine Arts Museum of San Francisco* zur Jahreswende 2021/2022 ausrichtete. Und der nun ab Oktober 2023 eine weitere groß angelegte Werkschau folgt. Wer dann das Glück hat, in New York zu sein – unbedingt im *New Museum* vorbeisehen und sich überraschen lassen. Die geballte künstlerische Kraft einer sechzigjährigen Künstlerinnen-Karriere präsentiert sich dann über drei Stockwerke unter dem passenden Titel »Herstory«.

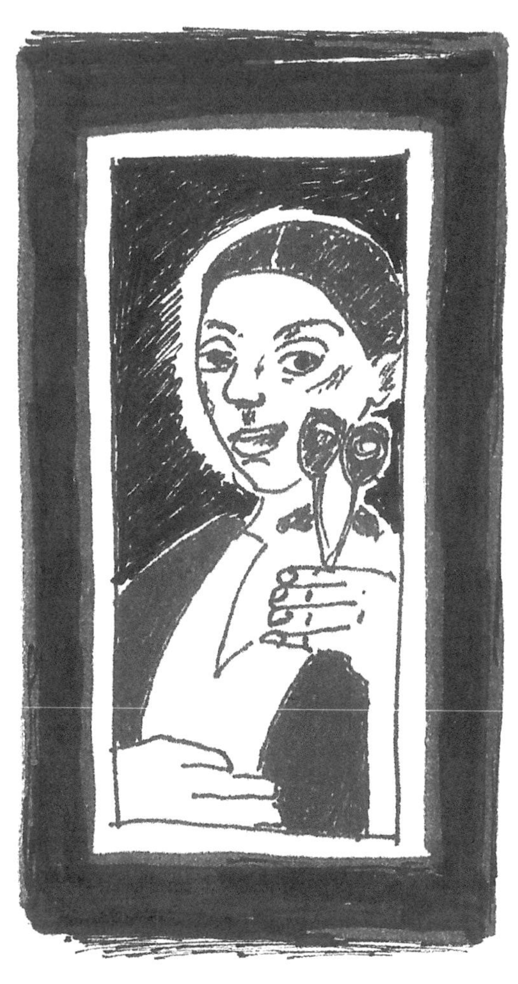

Dieses Selbstporträt von Paula Modersohn-Becker verfolgte mich: Zunächst sah ich es in der *Neuen Galerie New York* und später im *Museum of Modern Art*. Wo auch immer es zu sehen ist, schlägt es eine:n in den Bann. Wer da wegsieht, dem ist es höchstens zu intensiv, aber gleichgültig lässt es wohl niemanden.

Paula Modersohn-Becker:

Kompromisslose Hingabe an die Kunst

Es gibt ein berühmtes Gemälde von Paula Modersohn-Becker (1876 – 1907) in New York, das interessanterweise zwei Museen gehört. Zuerst ist es mir im *Museum of Modern Art* aufgefallen: *Self-Portrait with Two Flowers in Her Raised Left Hand (Selbstbildnis mit zwei Blumen in der erhobenen linken Hand)*, entstanden im Jahr 1907. Die dargestellte Frau sieht selbstbewusst aus, sehr selbstbewusst sogar. Und gleichzeitig drängt sich der Gedanke von großer Tiefe dahinter auf. Nichts im Ausdruck wirkt zufällig. Es ist ein Bild, das so schwer wiegt wie ein Monument. Und dieses Endgültige im Ausdruck, die Absolutheit, der Anspruch, der sich dahinter vermuten lässt, machte es mir im ersten Moment schwer, den Zugang zu finden. Da war Bewunderung für das Werk, aber zu lange hielt ich diese erste Konfrontation nicht aus. Mich sah dieses eine Auge, das rosa umrandete, wie ein krankes Vogelauge an. Das andere Auge könnte lächeln, aber blickt doch mehr nach innen als nach außen. Das gesunde Auge sieht also nach innen und das kranke Auge sieht die Welt. Und um den Mund spielt vielleicht ein ganz zart ironischer Zug, so als ob die abgebildete Frau damit ausdrücken wollte: »Ich weiß, was ihr denkt, aber es bleibt trotzdem dabei. Ich bin ich, und es ist nicht mein Problem, wenn ihr das nicht aushalten könnt.« Sie legt eine schützende Hand über ihren Bauch. Und hält mit ihrer anderen Hand zwei Blumen hoch. Es wirkt auf mich wie eine Geste der Hoffnung.

Das *Museum of Modern Art* ist wie die anderen großen Kunstmuseen in New York ein absolut überwältigender Ort für Menschen, die die Welt mit den Augen erleben. Bei einem meiner Besuche dort trafen drei sehr unterschiedliche Welten aufeinander. Die stille Größe des Paula Modersohn-Becker-Gemäldes, die vielen fotografierenden Besucher:innen eines Frida-Kahlo-Gemäldes und die grandiose Werkschau zu Louise Bourgeois. Tatsächlich waren es genau solche Momente, die in mir den Wunsch wachsen ließen, dieses Buch zu schreiben.

Ein Wiedersehen mit dem Gemälde von Paula Modersohn-Becker gab es durch Zufall beim zweiten Eigentümer, der *Neuen Galerie New York*. Durch Zufall, weil ich eigentlich wegen Klimts *Adele* gekommen war, dort aber gerade eine Ausstellung mit Selbstporträts verschiedener Künstler:innen gezeigt wurde, von denen nur zwei weiblich waren – Paula Modersohn-Becker und Käthe Kollwitz. Im Treppenaufgang machte eine von hinten beleuchtete Tafel mit Abbildungen einiger der Exponate neugierig und zog mich an. Da war es wieder, dieses strenge

Porträt mit dem ganz leisen Lächeln, diese schöne Geste mit den Blumen in der Hand, die gleichzeitig so klassisch konzipiert und doch intim erscheint. Aufgrund der Farbgebung könnte die Frau darauf verletzlich wirken, ihre Haltung aber ist souverän.

Paula Modersohn-Becker hat aber nicht nur dieses eindrückliche Selbstporträt geschaffen, sondern auch das früheste bekannte Selbstporträt als Akt. Höchstwahrscheinlich hat es zu ihren Lebzeiten niemand zu Gesicht bekommen. Die Künstlerin hält auf diesem Gemälde ihren Bauch wie bei einer Schwangerschaft. Da Paula Modersohn-Becker in dieser Zeit nicht schwanger war, ist eine kunsthistorische Lesart, dass sie nicht mit einem Kind, sondern der Kunst schwanger ging. Die Künstlerin lebte zur Entstehungszeit ohne ihren Mann in Paris und signierte das Bild nur mit ihrem Nachnamen. Trotzdem gibt es da diesen fragenden Ausdruck im Gesicht der Frau und der Titel lautet *Selbstbildnis am 6. Hochzeitstag*. Daher gibt es noch eine andere Lesart: Es sei ein Wunschbild und eine Aufforderung an denjenigen, der dem Kinderwunsch seiner Frau bisher nicht nachgekommen war, da er Sorge hatte, auch sie könne im Kindbett sterben wie seine erste Frau.

Ein Paula-Modersohn-Becker-Werk in New York zu sehen, gab mir das gute Gefühl, dass sie auch international eine renommierte Künstlerin ist. Die posthume Verehrung ist in ihrem Fall besonders auffällig, denn sie setzte schon früh ein und wurde rasch größer. Paula Modersohn-Becker war zu Lebzeiten fast komplett unverstanden geblieben und verkaufte in den zehn aktiven Jahren als Künstlerin bis zu ihrem so tragischen und frühen Tod nur ein oder zwei Arbeiten. Die Werke, die dank ihrer bedingungslosen Hingabe an die Kunst entstanden, konnten erst von der Nachwelt gebührend gewürdigt werden. Paula Modersohn-Beckers Beharrungskraft und Kompromisslosigkeit haben sie zu einer hochgeschätzten Künstlerin gemacht. Sie ist die erste Künstlerin weltweit, der 1927 ein eigenes Museum gewidmet wurde: das *Paula Modersohn-Becker Museum* in Bremen.

Auf der Widmungstafel steht: »Dieses ist das Paula Becker Modersohn Haus aus alter Häuser Fall und Umbau errichtet von Bernhard Hoetgers Hand / Zum Zeichen edler Frauen zeugend Werk das siegend steht wenn tapferer Männer Heldenruhm verweht.«

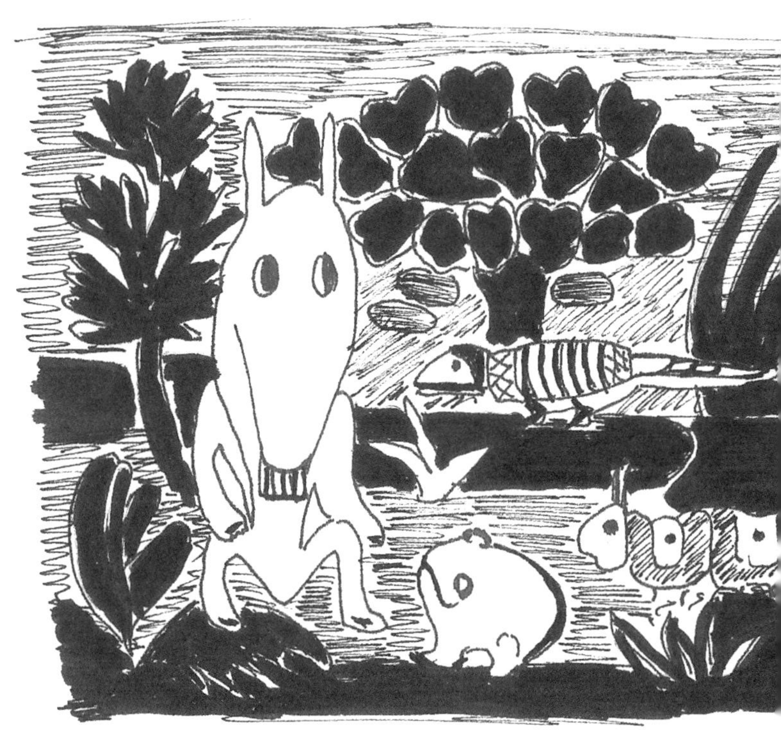

Tarsila do Amarals ›Wesen‹ – egal ob Mensch oder Tier – sind zeitlos modern. Würde man ihre Gemälde ohne dicke Rahmen und außerhalb eines Museums gezeigt bekommen, käme man nie auf die Idee, dass sie bereits um 1900 herum entstanden sind. Wann wird die Kunst der Brasilianerin, die einst international bekannt war, auch in Europa wiederentdeckt?

Tarsila do Amaral:

Fabelhafte Wesen auf dem Weg in die Moderne

Als Erstes sah ich eine lange Reihe von Menschen, die an der Einlasstüre im Gebäude des *Museum of Modern Art* geduldig anstanden – für eine Retrospektive der Werke von Tarsila do Amaral (1886 – 1973). Von der ich noch nie gehört und noch kein einziges Werk gesehen hatte.

Wie sich dann aus den Kommentaren und Gesprächen der anderen Besucher:innen der Ausstellung entnehmen ließ, ging das der Mehrheit so. Die Gespräche untereinander fingen alle mehr oder weniger so an: Hast Du schon einmal von ihr gehört? So ein großes Werk ... Diese Bilder sind so originell ... Wie kann es sein, dass wir sie noch nie zu sehen bekamen? Ist das nicht fantastisch? Das hätte ich nie erwartet ...

Sprich: Die Besucher:innen, egal welchen Alters und Geschlechts, waren sichtlich genauso überrascht wie ich und im Entdeckungsfieber.

Mich faszinierte, wie zum Beispiel Tarsila do Amarals Tierdarstellungen nicht nur modern abstrahiert sind, sondern ihren ganz eigenen Charme entfalten. Völlig unabhängig davon, ob es sich um einen Frosch oder einen Stier handelt. Die Tiere sind heitere, teils existierende, teils erfundene oder mythologische Wesen. Alle nehmen gleichberechtigt ihren Platz im Bild ein. Auch menschliche Wesen sind reduziert und durch einzelne, überzogen vergrößerte Gliedmaße verfremdet. Das Dargestellte scheint etwas entrückt, ohne abstrakte Kälte zu entwickeln. Der Platz der lebendigen Wesen im Raum wird durch klare Linien, die Landschaft andeuten, gekennzeichnet. Die Staffelung der Bildebenen erinnert an die Gestaltung eines Bühnenbildes.

Daneben zeigte die Ausstellung Landschaftsszenen, in denen Menschen ihren alltäglichen Beschäftigungen nachgehen oder auch ein Fest feiern. Sie entstanden auf einer Reise mit Künstlerfreund:innen durchs ländliche Brasilien. Der Künstlerin gelingt es, gleichzeitig illustrierende Chronistin zu sein und doch eine ganz eigenständige, persönliche Bildsprache zu entwickeln. In einer bestimmten Werkphase bezieht do Amaral einen sozialkritischen Standpunkt und verbildlicht die industriellen Arbeitsbedingungen (*Workers*, 1933) und die erschreckenden Klassenunterschiede (*Second Class*, 1933). Insgesamt überwiegt aber eine farbenfrohe Gelassenheit. Die Künstlerin selbst schrieb, dass sie sich diese Farben zurückerobert habe, es wären die Farben ihrer Kindheit, die lange verpönt gewesen waren und als schlechter Geschmack gegolten hätten. Wie die interessierten Besucher:innen anhand der biografischen Angaben erfahren, war da ausnahmsweise einmal eine Künstlerin zur richtigen Zeit an den richtigen Orten – ihre Kunstwerke inspirierten eine Gruppe von Künstler:innen und Literat:innen zu einer ästhetischen Erneuerung und markierten den Beginn der modernen Malerei in Brasilien.

Zu Beginn ihres künstlerischen Werdegangs war Tarsila do Amaral dank ihres wohlhabenden Elternhauses finanziell unabhängig und erhielt eine gute, wenn auch konservative Ausbildung. Nach einer frühen Ehe und deren Ende ging sie mit ihrer Tochter nach Europa. Sie schaffte es, sich nicht nur mit den großen künstlerischen Strömungen der Zeit bekannt zu machen und gute Lehrer:innen zu finden, sondern selbst in Paris Fuß zu fassen. Sie beteiligte sich an Gruppenausstellungen und machte inspirierende Bekanntschaften.

In einem Brief an ihre Eltern schrieb sie 1922, dass sie die Malerin ihres Landes werden wolle. Tarsila do Amaral stellte später sowohl in den USA als auch in der Sowjetunion, in Europa und in ihrer Heimat aus. Noch zu ihren Lebzeiten wurden große Retrospektiven gezeigt. Sie starb 1973 in São Paulo. Nichts deutete darauf hin, dass sie außerhalb ihrer Heimat einmal vergessen werden könnte und wiederentdeckt werden müsste – und doch war es so. Eurozentrismus mag bei uns ein Teil der Erklärung sein, in den USA der blinde Fleck in Richtung Südamerika. Wie auch immer: 2018 war die Zeit in New

York reif, und Besucher:innen aus aller Welt konnten sich erneut in ihre Werke vertiefen.

2020 wurde Tarsila do Amarals Werk *A Caipirinha* von 1923 für umgerechnet 9,3 Millionen Euro verkauft – eine Rekordsumme für die brasilianische Kunstwelt. Und vielleicht erinnert sich noch jemand an die Abschlusszeremonie der Sommer-Olympiade 2016 in Rio de Janeiro? Das abstrahierte Sonnenmuster, das den Boden bedeckte, war ihrem Gemälde *Setting Sun* von 1929 nachempfunden. Mit ihren Werken hat Tarsila do Amaral etwas Außergewöhnliches geschafft: nach der Anerkennung durch die intellektuelle Elite ihrer Zeit und ihres Umfelds auch das breite Publikum zu begeistern und sich im kulturellen Bewusstsein ihres Landes dauerhaft zu verankern.

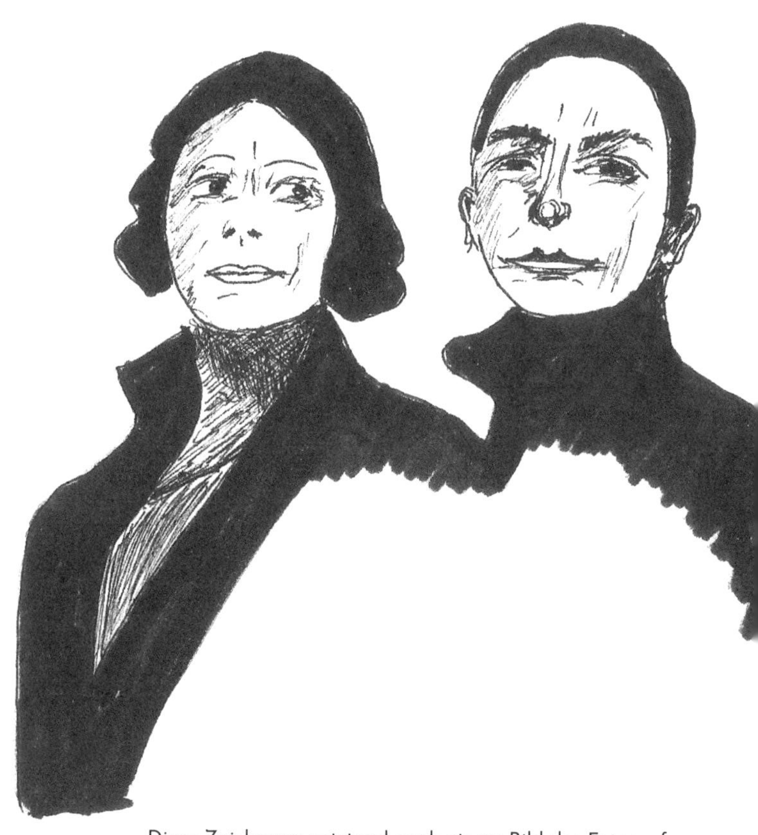

Diese Zeichnung entstand nach einem Bild des Fotografen Alfred Stieglitz – er war mit Georgia O'Keeffe verheiratet und kannte auch ihre Schwester Ida sehr gut. Vielleicht gelang es deshalb, das von Rivalitäten überschattete Verhältnis der beiden so treffend einzufangen. Was die meisten nicht wissen: In der O'Keeffe-Familie gab es mehrere Malerinnen, aber nur eine konnte berühmt werden.

Georgia und Ida O'Keeffe:

Die amerikanische Ikone und ihre Schwester

Als ich nach New York kam, freute ich mich besonders, die Gemälde Georgia O'Keeffes (1887 – 1986) als selbstverständlich in allen großen Sammlungen vertreten wiedersehen zu können, sozusagen in ihrem natürlichen Habitat. Ich kannte ihre Gemälde schon seit Studienzeiten, in denen eines ihrer Blütenbilder als Plakat meine kleine Wohnung zierte. Bei meinem allerersten New-York-Besuch war ich in der berühmten Buchhandlung *Strand* in die Kunstbücher versunken, in denen mich besonders O'Keeffes Stadtansichten von Manhattan faszinierten. Natürlich mussten die Bildbände mit und den restlichen Tag hatte ich schwer zu tragen an meiner Begeisterung. Meine kunstinteressierte amerikanische Freundin stieß ich später mit der naiven Frage vor den Kopf, ob sie Georgia O'Keeffe kenne ... Sie sah mich etwas befremdet an und konnte sich sichtlich die Frage nicht erklären. Georgia O'Keeffe ist in den USA nicht eine unter vielen, sondern *die* Künstlerin, die berühmteste von allen.

Einige Jahre danach, 2012, sah ich in München eine Retrospektive von Georgia-O'Keeffe-Gemälden. Da es ein Wochentag war, hatten meine Mutter und ich die Ausstellung fast für uns allein. Die einzige andere Besucherin erkannte ich sofort, obwohl ich sie noch nie ›in echt‹ gesehen hatte – es war Doris Dörrie. Die Ausstellung wurde durch diese Begegnung zugegebenermaßen noch besonderer, als sie es sowieso schon war. Ich sah zum ersten Mal viele der Arbeiten O'Keeffes, die in New Mexico entstanden waren und die ich als Abbilder einer fremden, archaischen Landschaft empfand. Doris Dörrie habe ich nicht angesprochen. Ich fand es viel schöner, gemeinsam mit ihr und meiner Mutter im Museumskino einen Film über Georgia O'Keeffe anzusehen und zu schweigen.

Nun stand ich also im neuen *Whitney Museum of American Art* vor dem berühmten Gemälde eines Tierschädels mit Blumen über roten Felsen und blauem Himmel. *Sommertage 1936* repräsentiert eine Künstlerin, die während dieser Schaffensperiode endgültig zu einer amerikanischen Ikone wurde. Sie hatte New York den Rücken gekehrt, und sich in Abiquiú, New Mexico, ein eigenes Refugium aufgebaut. Ihre neue Umgebung setzte sie so abstrahiert wie magisch in Gemälde um. Dazu kam eine erfolgreiche Selbstinszenierung als »Pionierin« mit Umhang, Hut und Tierschädeln – eine starke, unabhängige und selbstbewusste Frau und Künstlerin. Sie habe damit die Deutungshoheit zurückgewonnen, heißt es. Denn so erfolgreich ihr Partner Alfred Stieglitz sie auch gefördert hatte, es war *sein* Bild von ihr, das in die Öffentlichkeit gelangte und die Deutung ihrer Kunst bestimmte. Und diese sexualisierte Botschaft an die Welt – als Fotografen-Muse und freudianische Blumenmalerin – wollte sie dringend loswerden. Werk und Künstlerin wurden in New Mexico, salopp gesagt, eine amerikanische Marke.

Während wir in Europa noch dabei waren, Georgia O'Keeffes Kunst besser kennenzulernen, gab es in den USA eine andere Debatte: Zur großen Überraschung aller Kunstinteressierten tauchten die Gemälde von Georgia O'Keeffes jüngerer Schwester Ida wieder auf. Unter entsprechenden Schlagzeilen trat aus dem Schatten der ›übermächtigen Schwester‹ eine talentierte Künstlerin posthum wieder ins Licht der Öffentlichkeit: Ida Ten Eyck O'Keeffe (1889 – 1961), ebenfalls ausgebildete Künstlerin, die auf Anhieb gute Kritiken für ihre ersten Ausstellungen bekommen hatte.

Ich sah als eines der ersten Gemälde von Ida O'Keeffe eines aus einer Leuchtturm-Serie, die in den 1930er Jahren entstanden war. Sofort stellte sich mir die Frage, wie es sein konnte, dass sie weitgehend unbekannt geblieben war und mir erst jetzt, über einen Artikel in einem Magazin, zum ersten Mal begegnete.

Das *Dallas Museum of Art* brachte Ida O'Keeffes Werk 2014 zurück ins Museum und ein wenig Licht ins Dunkel. Die dortige Kuratorin für Amerikanische Kunst, Sue Canterbury, trug mit großem Einsatz Material zusammen und teilte ihre Erkenntnisse in einem ausführlichen Vortrag, der auf YouTube angesehen werden kann.

Unter anderem brachte Canterbury in Erinnerung, dass nicht nur zwei Schwestern von Georgia O'Keeffe gemalt und ausgestellt hatten (Ida und Catherine), sondern auch beide Großmütter Malerinnen waren. Es gab also ein entsprechendes künstlerisches Umfeld, aus dem heraus den jungen Frauen eine professionelle Ausbildung ermöglicht wurde. Die meisten der Kunstlehrer:innen hatten sowohl die ältere Schwester als auch die jüngere unterrichtet. Beide setzten sich mit denselben Malprinzipien und formalen Überlegungen auseinander. Besonders intensiv war Ida O'Keeffes Beschäftigung mit dem Prinzip der dynamischen Symmetrie, einer Schnittstelle von Mathematik und Kunst, die sie exemplarisch in der Serie von Leuchtturm-Bildern zur Geltung brachte. Sue Canterbury entdeckte auf der Rückseite eines Gemäldes Berechnungen zur Bildaufteilung, die die Künstlerin darauf notiert hatte. Es gibt weder Zweifel an der Qualität ihrer Arbeit noch daran, dass Ida O'Keeffe eine professionelle Laufbahn anstrebte.

Warum es nur *eine* O'Keeffe geben konnte, darüber spekulieren die Kunstwissenschaftler:innen auf unterschiedliche Weise. Keine der beiden Künstlerinnen kann mehr befragt werden, und was an Äußerungen überliefert ist, zeugt leider von Ressentiments, die zu Lebzeiten nicht überwunden werden konnten. Ida und Georgia O'Keeffes Karrierewege scheinen an einem besonderen Zeitpunkt unselig kollidiert zu sein. Georgia O'Keeffe durchlitt um 1933 eine massive psychische Gesundheitskrise und musste sich für längere Zeit in Behandlung begeben. Ida O'Keeffes Talent entwickelte sich im selben Zeitraum zu künstlerisch eigenständiger Höhe – sie wurde ausgestellt und bekam gute Kritiken. Allerdings verfolgte sie später ihre Karriere nicht mehr so zielstrebig und blieb auch nicht bei diesem prägnanten Stil. Während Georgia O'Keeffe sich in der Krise anscheinend von allen verraten fühlte, setzte sie ihre Karriere allerdings später genauso bedingungs- und kompromisslos fort. Eine moralische Siegerin ausfindig machen zu wollen, ist müßig. Der wichtigste Schritt ist jedenfalls getan: Die Gemälde beider Künstlerinnen werden ausgestellt. Die große Schwester ist nicht vom Thron gestoßen, aber die Jüngere ist auch nicht mehr unsichtbar.

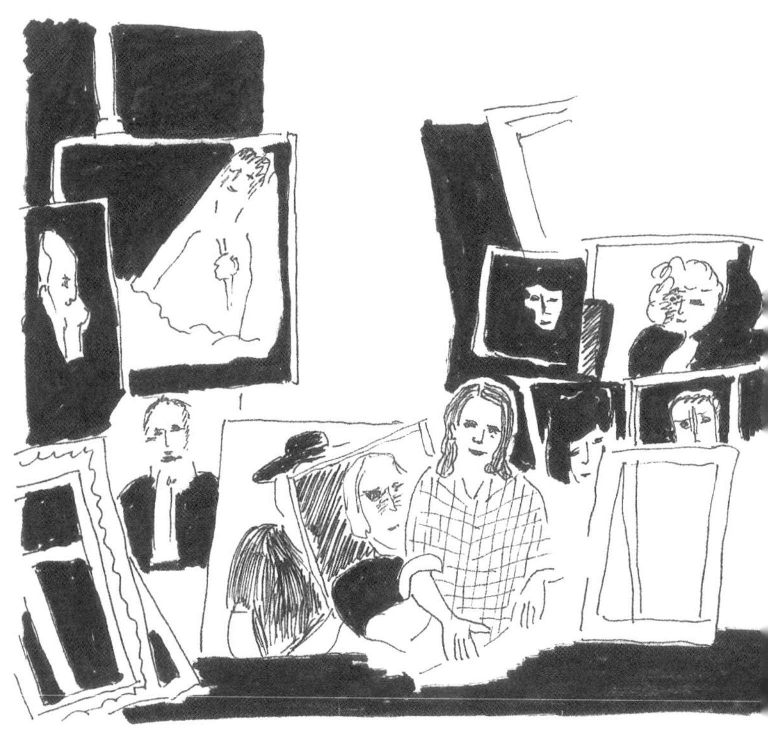

Alice Neel sitzt auf dem Boden ihrer Atelier-Wohnung – umgeben von ihren Kunstwerken, die wild aufeinander-, neben-einander-, und übereinandergestapelt die Malerin überragen. Viele Augenpaare sind auf die Betrachtenden gerichtet.

Alice Neel:

Porträtistin der Seele

Das *Whitney Museum of American Art* befindet sich im New Yorker Stadtteil *Chelsea* im sogenannten *Meatpacking District*. Ein moderner Neubau mit eigenen Reizen wie zum Beispiel einer Freitreppe, über die man auch von außen die Stockwerke wechseln oder auf den Balkonen die spannende Aussicht und Kunst genießen kann. Eine Bühne nicht nur für amerikanische Kunst, sondern auch für Fotos mit perfekter New-York-Kulisse. Der ideale Platz, um Alice Neel (1900 – 1984) zu entdecken, die so eindrückliche wie unverwechselbare Gemälde von New Yorker:innen schuf.

Ich schlenderte durch die Räume und war etwas reizüberflutet, als ich um eine Ecke bog und betroffen vor einem Gemälde stehen blieb. Wieso packte ausgerechnet dieses Bild mich? Das Porträt zeigt Andy Warhol mit geschlossenen Augen und nacktem Oberkörper. Von Narben durchzogen und von einem Korsett umschlossen, präsentiert er sich in diesem Porträt schutzlos und von der Welt abgewandt. Die Künstlerin, erfuhr ich, ist nicht an der Oberfläche der Menschen interessiert, sondern an ihrem Innenleben. Es war die Malerin Alice Neel, die Warhol 1970 so verstörend einfing. In einer Zeit, in der abstrakte und experimentelle Kunst den Kunstbetrieb bestimmte, war sie eine absolute Einzelgängerin. Wären ihr nicht in ihren späten Jahren günstigere Umstände zu Hilfe gekommen, hätte ich ihre Bilder vielleicht nie entdecken können.

Das *Whitney Museum* besitzt elf Werke von Alice Neel, von denen aktuell leider keines in den Ausstellungsräumen zu sehen ist. Glücklicherweise konnte ich bei einem späteren Besuch noch ein weiteres Gemälde von ihr sehen, das Bildnis von Pat Whalen (1935). Whalen war ein kommunistischer Hafenarbeiter. Neel kannte ihn wahrscheinlich über politische Zusammenkünfte, da sie selbst der kommunistischen Bewegung nahestand. Das Gemälde stammt aus einer frühen Schaffensphase der Künstlerin und fängt die düsteren politischen Zeiten, die Verzweiflung aber auch den starken Willen des Dargestellten ein. Pat Whalen sieht nach jemandem aus, der kämpfen muss, auch wenn er weiß, dass er nicht gewinnen kann – die weltpolitische Misere ist übermächtig.

Alice Neel hatte das Glück, in den Jahren von 1934 bis 1943 finanziell unterstützt durch das »Federal Art Project« arbeiten zu können. Dieses Projekt ist vom Umfang und der Wirkung her einzigartig. Es war im Auftrag der US-Regierung von der »Works Progress Administration« (WPA) während der großen Depression aufgelegt worden und unterstützte insgesamt rund 10.000 Künstler:innen und Kunsthandwerker:innen, die sonst nicht mehr in ihren Berufen hätten arbeiten können. Vielfach legen die entstandenen Werke Zeugnis davon ab, wie es den Menschen in Zeiten der Wirtschaftskrise und des Weltkrieges erging. Unter anderem kamen mit dieser Förderung auch Dorothea Langes berühmte Fotografien völlig verarmter Landarbeiter:innen und ihrer Kinder zustande. Langes Bild einer verzweifelten, von ihren Kindern umgebenen Mutter ist zu einem Symbolbild der *Great Depression* geworden.

Bei Alice Neel drängte sich mir unwillkürlich der Vergleich mit Paula Modersohn-Becker auf. Beide Malerinnen haben sich bei ihren Porträts komplett in die Dargestellten vertieft und das, was sie unter der Oberfläche fanden, in ihre Kunst umgesetzt. Bei Alice Neel werden zusätzlich viele der Porträtierten frontal dargestellt und sehen mit bohrenden Blicken in unsere Augen. Den Blicken von Fremden würde man so nie begegnen – hier sieht man sich starr gegenseitig in die Augen, ohne dass der Blick gesenkt oder die Situation aufgelöst werden könnte.

Auch bei Alice Neel gibt es das Motiv der nackten Schwangeren – 30 Jahre später als bei Paula Modersohn-Becker, dafür aber auf so überdeutliche und detailreiche Art, dass sie mir erneut als Bruch mit bisherigen Darstellungen in der Kunstgeschichte erscheinen. Statt die Veränderungen am Körper, die Ängste und die emotionale Ausnahmesituation zu verstecken, leuchtete Neel sie malerisch geradezu wie mit einem Scheinwerfer aus. Der Anspruch der Künstlerin war eine realistische Darstellung im Gegensatz zu einer sexualisierten Idealisierung.

Traditionell war die Porträtkunst der überhöhten Darstellung gewidmet – die Dargestellten wollten sich in bestmöglicher Form präsentieren. Alice Neel hingegen porträtierte Menschen »off guard«, wie es ihr Sohn Harvey ausdrückte, sie gaben unter Umständen mehr preis als beabsichtigt. Alice Neel hat gesagt, dass sie beim Malen ihren eigenen Körper verlässt und den fremden Körper bewohnt; wenn die Menschen gingen, wäre sie nur noch eine Hülle ihrer selbst und physisch erschöpft. Sie würde Leben, echtes Leben, einfangen wollen. Von einem Kunstkritiker wurde sie deshalb auch als »collector of souls«, Seelenfängerin, bezeichnet.

Alice Neels Leben war wild und voller Herausforderungen. Sie hatte vier Kinder von drei Männern. Eine der beiden Töchter starb kurz vor ihrem ersten Geburtstag, die Schwester wurde vom Vater in sein Heimatland Kuba entführt und wuchs in seiner wohlhabenden Herkunftsfamilie auf. Neel erlitt daraufhin einen Nervenzusammenbruch und musste behandelt werden. Später zerstörte ein

Liebhaber aus Eifersucht unzählige Gemälde. Die beiden Söhne zog Alice Neel alleinerziehend auf, sie lebten von Sozialhilfe in einer kleinen Wohnung im New Yorker Stadtteil *Spanish Harlem.* Alice Neel verzichtete für sich auf jeden Konsum; das Einzige, was immer gekauft werden musste, waren Farben und Leinwand. Trotz aller Widrigkeiten versiegte die Neugierde der Künstlerin auf die Menschen nie, Neel behielt ihre enorme Schaffenskraft und malte bis zuletzt.

Es gibt einen sehr berührenden Film über Alice Neels Leben und Werk von ihrem Enkelsohn Andrew Neel, der 2007 veröffentlicht wurde. Was für eine Befreiung zu sehen, wie Neel in ihren letzten beiden Lebensjahrzehnten den sich endlich einstellenden Erfolg genießt und auf bewundernswert humorvolle Art über ihre Kunst und ihr Leben spricht.

Ich wünsche mir für Neels Kunstwerke die Möglichkeit einer permanenten Ausstellung. Die elf Arbeiten, die allein das *Whitney Museum* besitzt, umfassen sowohl Zeichnungen als auch Lithografien und Gemälde, neben Porträts ist auch ein Stilleben dabei. Sie repräsentieren Neels gesamte künstlerische Lebensspanne und würden einen sehr guten ersten Einblick in ihr Schaffen geben.

Im Jahr 2021 hat das *Metropolitan Museum of Art* eine große Retrospektive ihrer Arbeiten gezeigt, die unter dem bezeichnenden Titel *People Come*

First stand. Alice Neel hat vorbehaltlos jede:n porträtiert, der oder die ihre Wege kreuzte. Menschen von der Straße, Nachbar:innen, Familienmitglieder, Persönlichkeiten aus der kreativen und intellektuellen Szene, aus der Subkultur. Eines der letzten vor ihrem Tod entstandenen Werke ist ein Aktbildnis ihrer selbst.

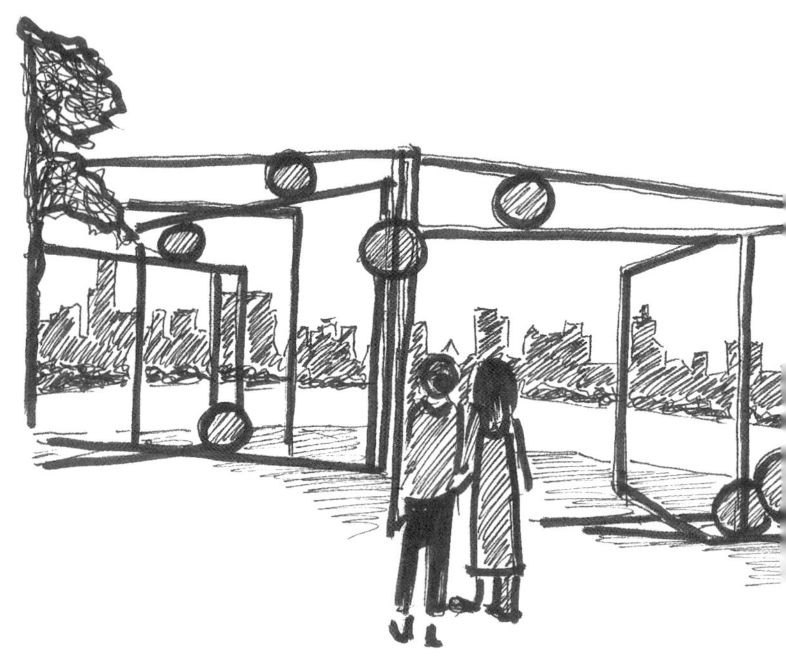

Alicja Kwade wurde um ein Kunstwerk für die Dachterrasse des *Metropolitan Museums of Art* gebeten. Die Künstlerin nahm die große Ehre an und schuf eigens eine Installation für diesen Ort. Jedes Jahr darf eine andere Künstler:in diesen besonderen Aussichtsplatz gestalten. Die Besucher:innen genießen Kunst und Skyline gleichzeitig.

Alicja Kwade:

Planetare Kinetik

Einer der spektakulärsten Plätze, neue Kunst zu entdecken, ist mit Sicherheit die Dachterrasse des *Metropolitan Museum of Art*. So kam ich bei einem meiner Besuche dort in den Genuss, Alicja Kwades Installation *ParaPivot* unter freiem Himmel umwandern zu können – bei sengender Sonne und mit einer eiskalten Zitronenlimonade in der Hand.

Ich sah neun steinerne Kugeln in atemberaubenden Positionen, wie magisch positioniert zwischen stählernen Stangen. Zunächst fragte ich mich, ob diese Kugeln wirklich aus Marmor sein konnten, denn es gab keine offensichtliche Erklärung, wie sie mit ihrem enormen Gewicht in diesen Positionen gehalten wurden. Das Gerüst störte mich im ersten Moment, denn es zerschnitt die Sicht auf die Stadt. Aber noch während ich meine Eindrücke sortierte und das Kunstwerk weiter umrundete, bemerkte ich, dass die Gesamtwirkung sich wesentlich verändern konnte – je nachdem, wo die Betrachterin sich gerade befand. Und das vermeintliche Stangengewirr lichtete sich und gab dem Anschein nach sehr bewusst inszenierte An- und Ausblicke preis.

Die marmornen Kugeln legten die Assoziation nahe, dass sie die Planeten unseres Sonnensystems symbolisieren sollen. Das Gerüst stellte eine noch nicht näher ergründete Sinnverbindung zwischen ihnen her. Ich bewunderte das großartig bearbeitete Material und die ausgeklügelte Konstruktion.

Kwades Installation spannte zwar das Universum auf und damit einen unendlichen Raum, zeigte aber auch, wie durchzogen unsere Welt von Strukturen ist und wie wir alles, was uns umgibt, messen und bestimmen, ein- und aufteilen. Am meisten fesselte mich, auch auf den zweiten und dritten Blick, wie tonnenschweres Material so leicht aussehen konnte – aufgrund von Kwades Konstruktion, die die Naturgesetze auszuhebeln schien. Tatsächlich sagte die Künstlerin in einem dokumentarischen Video, dass es sie reizen würde, bei der Gravitationskraft bis ans Limit zu gehen, kurz bevor die Skulptur zusammenstürzen würde.

Solche Arbeiten werden computergestützt ausgeklügelt. Kwade hat ein festes Team, das unter anderem auch 3-D-Modelle als Entwürfe für den Dachgarten schuf, um damit die bestmögliche Positionierung herauszufinden. Die Themen der Konzeptkünstlerin sind Zeit, Raum und Erdanziehung und sie spielt damit auf mannigfache Weise. Die Naturwissenschaften mitsamt ihren Erkenntnissen, aber auch ihren Beschränkungen, sind ihr ein ständiges Spannungsfeld. Für die Rooftop-Installation war ihr Ausgangspunkt zunächst der Stein. Steine seien komprimierte Zeit, sagt Kwade. Die Steine für ihre ›Planeten‹ stammen aus der ganzen Welt. Es gibt darunter Odenwald-Quarz aus Deutschland und Carrara-Marmor aus Italien. Weitere Herkunftsländer sind u.a. Brasilien, Indien, China, Norwegen, Finnland und, mit Rosa Portogallo, Portugal. Den portugiesischen Marmor erwähne ich extra, weil die daraus gefertigte rosafarbene Kugel besonders auffällt. Die Struktur des Marmors wurde hervorragend herausgearbeitet, aber auf gekonnt zurückhaltende Art. Nicht nur die scheinbare Schwerelosigkeit überrascht, sondern auch die Tatsache, dass das Material erst in diese Form gebracht werden musste. Die marmornen Kugeln sehen so perfekt geeignet aus für ihren Zweck, dass man geneigt ist sich vorzustellen, sie seien als Ganzes vom Himmel genau in die für sie vorgesehene Position gefallen. Könnten die Betrachter:innen ihren Standpunkt in den Himmel verlagern, bestünde Alicja Kwades Kunstwerk aus Murmeln mit Mikado-Stäbchen dazwischen. Diese erweiterte Perspektive könnte durchaus im Sinne der Künstlerin sein. Sie äußerte in einem Interview mit Roxanne Bagheshiri Lærkesen den Gedanken, dass wir uns doch alle nur auf einem rotierenden Stein im Universum befänden.

Von 2021 auf 2022 war eine Installation von Alicja Kwade in der Berlinischen Galerie/Landesmuseum für Moderne Kunst, Fotografie und Architektur zu sehen. Mit einem größtmöglichen Perspektivwechsel konzentrierte sich die Künstlerin hier auf den Menschen, genauer gesagt auf die Substanzen, aus denen wir bestehen – sie hingen in Reagenzgläsern an der Wand – und auf unsere DNA. Es entstand ein Selbstporträt der speziellen Art: Die Wände waren bestückt mit dem Ausdruck von Kwades genetischem Code. Tatsächlich bestimmt dabei nur ein Prozent des Codes das Individuum, während der große Rest als Bauplan für alle Menschen dient. Die persönlichen Anteile der Künstlerin wurden auf den Ausdrucken mit Fettdruck hervorgehoben. Zudem konnten die Besucher:innen permanent den Herzschlag Kwades hören, auch »in Abwesenheit« – so der Titel der Ausstellung. Alicja Kwade sucht im Kleinsten wie im Größten nach dem Verbindenden, nach dem, was für alle Menschen gleich ist. Die Künstlerin möchte zur rationalen Besinnung auffordern, um unsere menschlichen Emotionen auf ein wahrhaftigeres Maß zu bringen. Als Ausdrucksmittel dafür stehen Kwade Technik, Handwerk und ihr kreatives Potenzial zur Verfügung. Da sie eine rastlose Macherin ist, die visionär denkt und ihr Team ständig herausfordert, ist die 1979 im polnischen Katowice geborene und in Berlin lebende Bildhauerin jetzt schon eine der bekanntesten deutschen Künstler:innen und international präsent. Sie hat sich hervorragende Arbeitsbedingungen geschaffen und nimmt ihren Platz souverän ein. Die Tradition des künstlerischen Selbstporträts auf diese Weise in die Aktualität zu katapultieren, gleichzeitig ironisch zu brechen und universell zu gestalten, finde ich so schlicht wie genial.

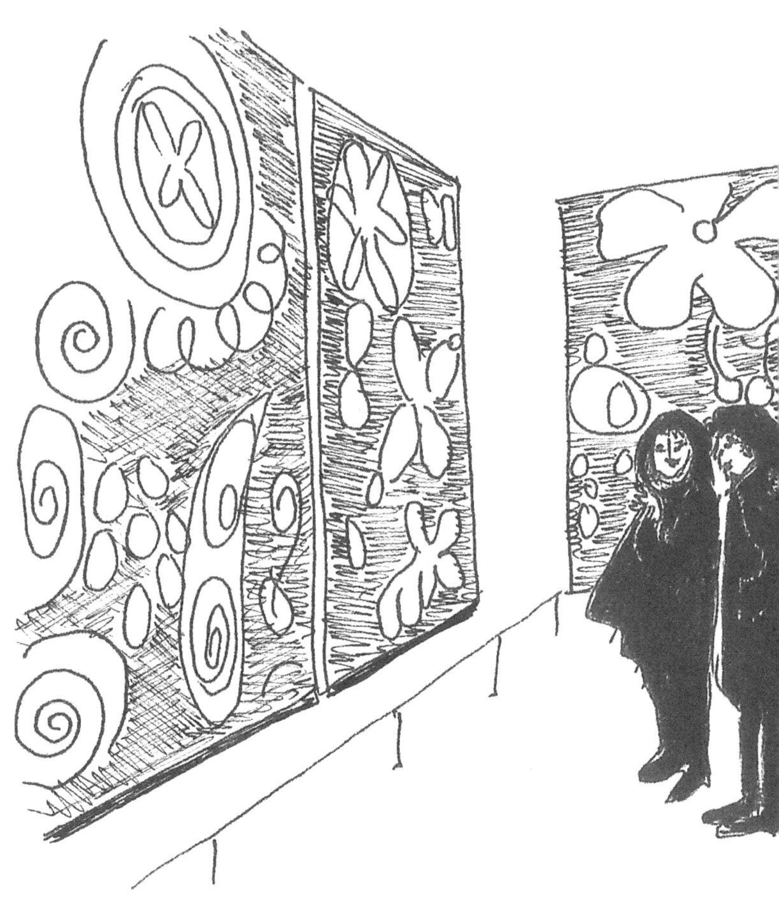

Die Werkschau von Hilma af Klints Gemälden im *Guggenheim Museum* war ein Großereignis in New York: Die Menschen strömten stetig durch die Ausstellung, waren in die Betrachtung vertieft und tauschten sich so angeregt aus wie diese beiden Besucherinnen.

Hilma af Klint:

Visionärer Bewusstseinsstrom

Wer hätte das gedacht? Die Retrospektive der Werke von Hilma af Klint (1862 – 1944) im *Solomon R. Guggenheim Museum*, die im Oktober 2018 begann und bis Februar 2019 gezeigt wurde, war der größte Erfolg in der Geschichte des Museums. 600.000 Besucher:innen waren es kurz vor Ende der Ausstellungszeit, und es wurden, ebenfalls ein Rekord, 30.000 Kataloge verkauft. Die Ausstellung ist damit eine der zehn erfolgreichsten Moderne-Kunst-Ausstellungen aller Zeiten. Und das, obwohl diese Künstlerin zuvor kaum jemand kannte, geschweige denn eines der Werke. Die Retrospektive in Europa fünf Jahre zuvor hatte noch nicht zum internationalen Durchbruch geführt. Hilma af Klints Arbeiten gelten heute als die ersten abstrakten Kunstwerke in der westlichen Welt. Die Ausstellung war eine Sensation. Egal, ob es regnete oder schneite: Die Schlangen am Einlass schienen unendlich lang, aber das Anstehen lohnte. Schon die Plakate überall in New York sahen verheißungsvoll aus und ich denke, es ging vielen wie mir – man wollte unbedingt wissen, was es mit diesen Kunstwerken und ihrer Schöpferin auf sich hat.

Besonders charmant erschien mir dabei von Anfang an, dass diese Kunst ja nicht laut schrie und trotzdem eine so beeindruckende Wirkung entfaltete. Die Gemälde sind allerdings von monumentaler Größe. Die Serie *Ten Largest* von 1907, die im *Guggenheim* in einem extra Raum ausgestellt wurde, war einfach nur überwältigend. Viele Besucher:innen drängten sich und wirkten von den Kunstwerken absorbiert. Ich befand mich im Farben- und Formenrausch und sah diese Gemälde als Feier des Lebens: Ei-Förmiges, Samen, Zellteilung, Blüten- und Schneckenornamente. Das Organische wird von Zeichen, Beschriftungen und schraffierten Linien begleitet – Stilelemente, die bei mir den Eindruck eines naturwissenschaftlichen Hintergrunds noch weiter verstärkten. Ich dachte mir, wie wunderbar sich doch Zellteilung und Vererbungslehre in Kunst umsetzen lassen. Sogar sich paarende Schnecken finden sich etwas versteckt auf einem der Gemälde. Die Farbgebung wirkt, als ob diese Werke gerade erst entstanden wären, so sehr entspricht sie dem aktuellen Zeitgeschmack.

Die in Schweden geborene und aufgewachsene Hilma af Klint erfuhr zunächst eine klassische Ausbildung als Künstlerin. Sie verdiente ihren Lebensunterhalt mit Porträts und Landschaftsmalerei und arbeitete in einem von der Königlichen Akademie der freien Künste bezahlten Atelier in Stockholm.

Zudem führte sie naturwissenschaftliche Illustrationsaufträge aus. Die Werkschau im *Guggenheim* zeigte auch einige wenige Blätter mit Pflanzen- und Insektenabbildungen aus dieser frühen Schaffensphase. Verwurzelt im Realismus, interessierte sich die Künstlerin schon früh für Theosophie und okkulte Praktiken. Die Besucher:innen der Ausstellung erfahren, dass *The Ten Largest* als Teil eines Werkzyklus der Künstlerin für einen ›Tempel‹ geschaffen wurde, der allerdings nie realisiert werden konnte. Den Auftrag dazu habe Hilma af Klint von höheren Mächten erhalten, mit denen sie und eine Gruppe von gleichgesinnten Frauen sich im Austausch befunden hätten.

So folgt man den Werken in der *Guggenheim*-Spirale immer weiter nach oben und findet »automatische Zeichnungen«, die während spiritistischer Sitzungen entstanden, und kleinere Arbeiten, die nur aus Zeichen, Buchstaben, Wörtern und wenigen organischen Formen bestehen. Wie konnte sich af Klint tatsächlich an ein solch riesiges, völlig unabgesichertes künstlerisches Unterfangen wagen? Keine der anderen Künstlerinnen aus dem Kreis hatte den ›Auftrag‹ übernehmen wollen und sie warnten, man dürfe nicht zu weit gehen, um nicht verrückt zu werden. Hilma af Klint hat diese Warnungen offensichtlich in den Wind geschlagen und sich mit ungeheuerer Energie ans Werk gemacht.

Es gibt die Spekulation, ob af Klint sich mit der Begründung, dass es sich um einen Auftrag handelte, die Freiheit schaffte, etwas Radikales zu tun, ohne dass es direkt auf sie selbst zurückfiel. Die Mehrheit der Kunstexpert:innen ist aber der Ansicht, dass af Klint an diese höheren Mächte geglaubt und sich als künstlerisches Medium für diese zur Verfügung gestellt hat. Wollte af Klint tatsächlich eine Botschaft überbringen, wie sie selbst schrieb? Warum ist diese dann so verschlüsselt? Es gibt unzählige Notizbücher, die den Prozess der Entstehung schildern, die in den Gemälden verwendeten Zeichen auflisten und wiederum Begriffen zuordnen. Diese Notizbücher muten wie die Versuchshandbücher einer Wissenschaftlerin an. Aber um was für eine Lehre handelt es sich dabei? Wir können af Klint auf ihrem Pfad nicht folgen, aber wir können die Ergebnisse betrachten, die die Künstlerin – von woher auch immer – für uns mitgebracht hat.

Hilma af Klint hinterließ uns ihr inneres Universum, das sie obsessiv in Bilder umsetzte. Eine Art bildnerischer Bewusstseinsstrom, in dem sich naturwissenschaftliche Erkenntnisse, religiöse Überzeugungen und spirituelle Erfahrungen niederschlugen. Die Zeitkapsel hat sich geöffnet: Staunend stehen wir vor diesem Werk. Es erreicht uns aus einer längst vergangenen Zeit – als ob es schon damals nur für uns heute geschaffen worden wäre.

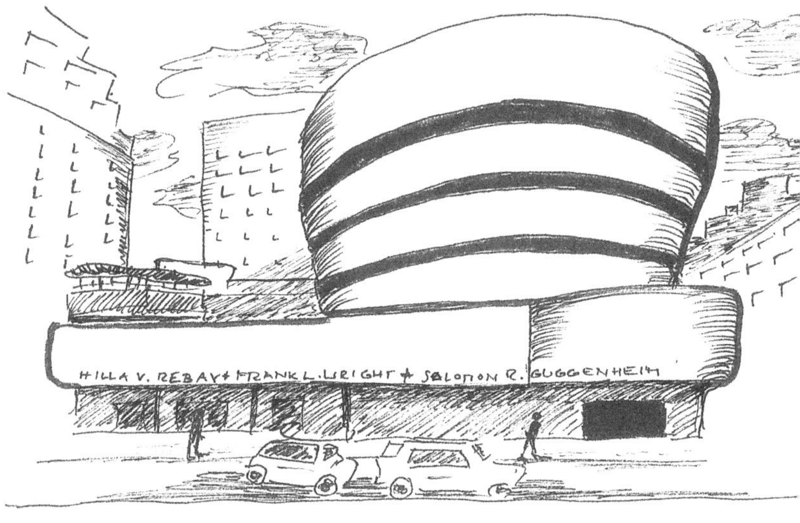

Das Guggenheim-Museum wurde von drei großen Persönlichkeiten erdacht, entworfen und finanziert – hier habe ich mir die Freiheit erlaubt, sie alle an die Fassade zu schreiben, aber tatsächlich steht da nur Herr Guggenheim. Übrigens ist die berühmte Peggy Guggenheim seine Nichte.

Hilla von Rebay:

Künstlerin, Kuratorin und Erfinderin des *Guggenheim Museums*

Was für eine besondere Wendung des Schicksals, dass über hundert Jahre nach der Entstehung der Gemälde von Hilma af Klint das *Solomon R. Guggenheim Museum* in New York genau zu dem ›Tempel‹ wurde, den sich die Künstlerin für ihre Arbeiten gewünscht hatte. Maßgeblich beteiligt an der Entstehung des *Guggenheim* in seiner einzigartigen Form wiederum war eine Zeitgenossin af Klints, die aus Deutschland stammte, in den USA wirkte und sich der abstrakten Kunst mit Haut und Haar verschrieben hatte: Hilla von Rebay (1890 – 1967). Auch sie wurde von der Vision eines ›Tempels für die Kunst‹ angetrieben. Aufmerksam wurde ich auf diesen Zusammenhang durch einen Katalogbeitrag der Sammlungsdirektorin des *Guggenheim*, Tracey Bashkoff. Aber wer war Hilla von Rebay? Eine Frau mit solchem Einfluss konnte doch nicht ›einfach so‹ von der Bildfläche verschwinden ...

Hilla von Rebay war 1927 in die USA ausgewandert, hatte zuvor in Paris und München Malerei studiert und sich an Ausstellungen beteiligt und wurde schließlich in New York diejenige, die den Industriellen Solomon R. Guggenheim dazu bewegte, eine Kunstsammlung aufzubauen. Sie tätigte in seinem Auftrag entsprechende Ankäufe, leitete ein Museum für diese Sammlung mit völlig neuer, von ihr geplanter Anmutung und gewann später Frank Lloyd Wright als Architekten für einen ehrgeizigen Neubau – das heutige *Guggenheim*. Für dessen Planung arbeitete Hilla von Rebay eng mit Wright zusammen. Schon seit Jahrzehnten schwebte ihr ein solcher ›Tempel‹ für die ungegenständliche Kunst vor, nun wurde er endlich Wirklichkeit. Im August 1945, zu Kriegsende, präsentierten Wright, von Rebay und Guggenheim der versammelten Presse ein Modell des zukünftigen Museums.

Traurigerweise erlebte keiner der drei die Eröffnung mit. Vor Vollendung des Baus starb 1949 zunächst Solomon R. Guggenheim, dann, nur Monate vor der Einweihung, auch der Architekt. Hilla von Rebay fiel nach dem Tod des Patriarchen in Ungnade bei der Familie Guggenheim, musste ihre Ämter abgeben und war nicht einmal mehr zur Eröffnung des Museums im Oktober 1959 eingeladen. Der Mäzen Guggenheim hatte zwar finanziell für von Rebay Vorsorge getroffen, aber seinen weiteren Wünschen für die Rolle Rebays und die Zukunft der Sammlung wurde nicht entsprochen. Dahinter dürfte die Missbilligung der umfassenden Befugnisse und großen finanziellen Mittel einer Familienfremden gestanden haben.

Zudem ging vielen Rebays Sendungsbewusstsein für die abstrakte Kunst zu weit. Sie maß der nicht-gegenständlichen Kunst, und nur ihr, die Möglichkeit der Heilung des Geistes zu und die Fähigkeit, den Menschen zu Höherem zu entwickeln und zu Frieden und Freiheit zu führen.

Die ihr zur Verfügung stehenden Mittel setzte Hilla von Rebay u. a. dafür ein, um durch den Krieg in Not geratenen Künstler:innen in Europa mit Ankäufen und Stipendien zu helfen und ihnen zu ermöglichen, ihre Arbeit fortzusetzen. Nach dem Krieg schickte sie Care-Pakete nach Deutschland. Darüber hinaus spielte sie eine verdienstvolle Rolle bei der Kunstvermittlung kreuz und quer über den Atlantik. Zuerst brachte sie den USA, mit einem Schwerpunkt auf Kandinskys Werken, die neuen Impulse aus Europa nahe. Später gab sie Nachkriegsdeutschland mit einer großen Wanderausstellung amerikanischer Künstler:innen entscheidende Impulse für die künstlerische Neuentwicklung nach 1945.

Hilla von Rebays Verdienste um die abstrakte Kunst sind unbestreitbar und eine Erklärung dafür, warum so viele wunderbare Kandinsky-Gemälde im *Guggenheim* zu finden sind – neben vielen weiteren Werken, die später den Weltruhm der Sammlung begründeten. Ebenso ist ihr eigenes Werk als Malerin ein originärer Beitrag zur Kunstgeschichte und verdient es, wieder gesehen zu werden. Seit Anfang der 2000er Jahre tauchen von Rebay und ihre Arbeiten verstärkt auf. Unter anderem gab es 2005 eine Ausstellung in New York im *Guggenheim*, in Deutschland in der *Deutschen Guggenheim* in Berlin, im *Museum Villa Stuck* in München und im *Schlossmuseum Murnau*. Es galt und gilt, eine Künstlerin wiederzuentdecken und ihrer Lebensleistung angemessen Respekt zu zollen.

Und der ›Tempel der Kunst‹? Wie fühlt sich das eigentlich an, so ein spiraliges Museum? Persönlich bin ich ein großer Fan der Optik, fand es aber immer wieder speziell, mir die Kunst auf diese Weise zu erwandern. Ohne eine einzige Stufe, der Spiralform folgend bis zur Kuppel, können die Besucher:innen auf dem Pfad der Kunst wandeln, sich von den ausgestellten Werken beeindrucken lassen, um vielleicht etwas erschöpft, aber hoffentlich glücklich unter der Kuppel anzukommen. Mir wird davon etwas schwindlig – ob es auch anderen so geht? Was Hilla von Rebay nur der abstrakten Kunst zugestehen wollte, passiert dank ›ihres‹ Tempels nun jedenfalls auch mit anderen Kunstwerken: Sie berühren uns auf besondere Weise, die Besucher:innen fühlen sich inspiriert.

Bei meinem letzten Besuch im *Guggenheim*, vor der Rückkehr nach Deutschland, konnte ich zwei Arbeiten von Hilla von Rebay sehen: die abstrakte Komposition *Floating* und die Collage *Woman with Cat at Seashore*. Beides zarte, aber sehr einnehmend-poetische Werke. Zutage gefördert wurden sie durch das interessante Ausstellungsformat »Artistic License«, bei dem sechs Künstler:innen, die bereits selbst eine Einzelausstellung im *Guggenheim* hatten, ihre Lieblingsarbeiten aus dem Archiv auswählen durften. Es war die erste von Künstler:innen kuratierte Ausstellung in der Geschichte des Museums und ein wunderbarer Abschluss für meine lange Entdeckungsreise auf den Spuren weiblicher Kunst in New York.

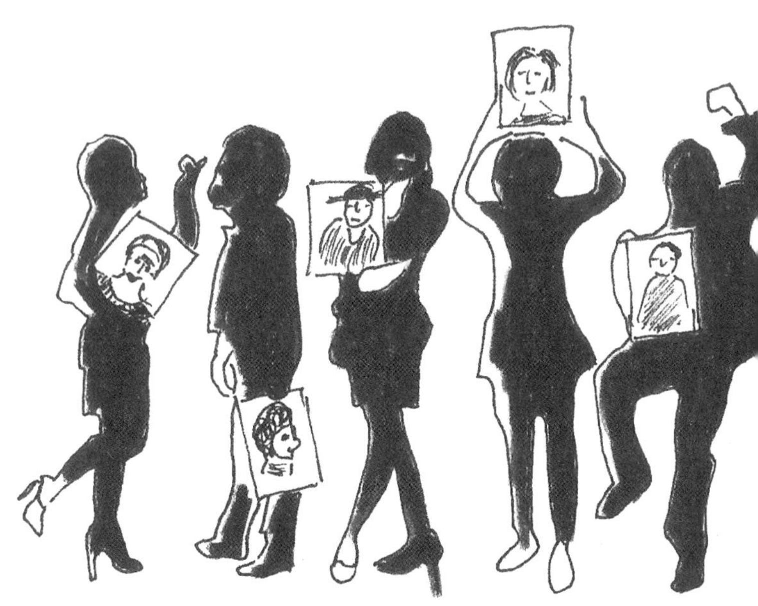

Die Guerrilla Girls tragen Gorilla-Masken, um selbst anonym zu bleiben. Ihnen geht es um das Sichtbarmachen von Künstlerinnen, die sie stellvertretend repräsentieren. Sie kämpfen für bessere Bedingungen in der Kunstwelt.

Guerrilla Girls:

Superwomen der Kunstszene

Wer sind die Guerrilla Girls? Sie agieren anonym, denn es geht nicht um die einzelne Frau hinter der Gorillamaske, sondern um den Zustand der Kunstwelt. Und der war zu Beginn der feministischen Aktionen der Guerrilla Girls noch männlicher und weißer, als er das heute vielerorts immer noch ist. Das Künstlerinnen-Kollektiv begann 1985, die Repräsentation von Künstlerinnen in New Yorker Museen und Galerien zu zählen, und das Ergebnis war niederschmetternd. Künstlerinnen wurden schlicht gar nicht oder allerhöchstens als einzelne Ausnahmefrau unter lauter männlichen Kollegen ausgestellt. So weit, so schlecht – es musste eine Strategie her, um dagegen zu protestieren. In Anlehnung an Jenny Holzers künstlerische Textbotschaften, die den öffentlichen Raum oftmals als Ausstellungsfläche nutzen, entschieden sich die Guerrilla Girls für große Plakatwände, schwarze Schrift auf weißem Grund und prägnante Aussagen. Vor allem aber arbeiteten sie mit Ironie und Humor, wurden lästig mit Postkarten-Aktionen an Einzelpersonen, waren frech und nutzten Werbestrategien, um auf die Zustände in Kunstmarkt und Museumswelt aufmerksam zu machen.

Zunächst plakatierten die Guerrilla Girls illegal und nachts. Mit der größer gewordenen Aufmerksamkeit und wachsendem Erfolg wurden die Plakate bunter und sie konnten offizielle Werbeflächen buchen, so dass sprichwörtlich keine:r mehr daran vorbeikam. Eine der augenfälligsten und sehr breit wahrgenommenen Aktionen war 1989 eine Anzeigenkampagne in New Yorker Bussen mit der Headline: »Do women have to be naked to get into the Met Museum?« Zu sehen ist die nackte Halb-Rückansicht einer Frau mit Gorilla-Maske über dem Kopf. Dazu die ernüchternden Zahlen: »Less than 5% of the artists in the Modern Art section are women, but 85% of the nudes are female.«

Mittlerweile sind die ehemals illegalen Plakate ein Teil der Museumskultur geworden und werden wiederum selbst ausgestellt – 2023 beispielsweise im *Museum für Kunst und Gewerbe Hamburg* bei der Ausstellung *The F*Word. Guerrilla Girls und feministisches Grafikdesign*. Ich konnte die Plakate 2019 im *Whitney Museum* sehen. Diese Ausstellung hinterließ mich nachdenklich. Schön, dass die Museumskultur so weit gediehen war, aber schlecht für ein revolutionäres Bestreben, auf diese Weise adaptiert zu werden, oder? Die Guerrilla Girls sind schließlich noch immer eine lebendige Bewegung. Im besten Fall lässt es sich so deuten, dass die Guerrilla Girls bereits ein Teil der Kunstgeschichte geworden sind, obwohl sich ihr Engagement noch immer fortsetzt und jüngere Künstlerinnen und Aktivist:innen den Staffelstab übernommen haben.

Einiges hat sich seit den Anfangszeiten getan – vor allem, dass das Kunst-Establishment nicht mehr in aller Schamlosigkeit seine veraltete Herangehensweise bei der Auswahl von Künstler:innen fortsetzen konnte. Aber auch wenn nun viel mehr Künstlerinnen und andere bisher marginalisierte Gruppen Zugang zur Kunstszene erhielten und die eine oder andere große Einzelausstellung stattfand: Es bleibt unübersehbar, dass noch viel aufzuholen ist. Ich möchte von Künstlerinnen in Zukunft gerne zu Lebzeiten erfahren – nicht erst durch eine posthume Retrospektive. Und selbst wenn große Museen Ankäufe tätigen, ist es nicht damit getan: Die Werke müssen auch zu sehen sein!

In diesem Zusammenhang starteten die Guerrilla Girls 2008 eine Aktion unter dem Motto *Free the Women Artists of Europe!* Auf dem Plakat waren die Gesichter von bekannten europäischen Künstlerinnen hinter Gittern abgebildet und die Erklärung darunter besagte: »Museums Keep Them Locked in the Basement, in Storage, Out of Sight.« Und der Aufruf ging auch an uns, als Publikum: »Make Museums Show More Art by Women Now!«

Interesse an der Kunst von Frauen zeigt heute massiv Wirkung – welches Museum freut sich nicht über einen solchen Zustrom an Besucher:innen wie beispielsweise bei Hilma af Klint? Es gab sogar einen über dreißigprozentigen Zuwachs an Member-Card-Anträgen für das *Guggenheim*. Das sollte doch genug Ansporn sein, weitere solche Großprojekte in Angriff zu nehmen.

Früher dachte ich, dass aufgrund der erschwerten Bedingungen für manche Epochen vielleicht wirklich keine Künstlerinnen zu finden wären, die ihre Profession so lange ausüben konnten, dass sie erfolgreich darin wurden. Viele Ausstellungen und Recherchen später ist klar, dass es sie *trotzdem* gegeben hat und auch mehr Kunstwerke als erhofft erhalten blieben. Aber sogar großer Ruhm und monetärer Erfolg hielt die Geschichtsschreibung nicht davon ab, sie schnell wieder in der Versenkung verschwinden zu lassen.

Wir sind heute nun in der glücklichen Lage, viele neue Kunstschätze sehen zu dürfen und von den interessanten Künstlerinnen und ihren Lebensgeschichten erfahren zu können. Unsere Herausforderung ist es, diese Künstlerinnen im Licht der Öffentlichkeit zu halten und so lange und so viel über ihre Werke zu erzählen, dass sie einen Grundkanon bilden: ein Fundament, auf dem alle zukünftigen Künstlerinnen so selbstverständlich aufbauen können wie ihre männlichen Kollegen.

In diesem Sinne: Die Arbeit der Guerrilla Girls inspiriert, macht Mut und Laune. Sie sind Vorbilder in Sachen kreativer Ungehorsam und tauchen auf, wann und wo immer sie als Korrektiv der Kunstszene gebraucht werden – ganz nach Superheldinnen-Art eben.

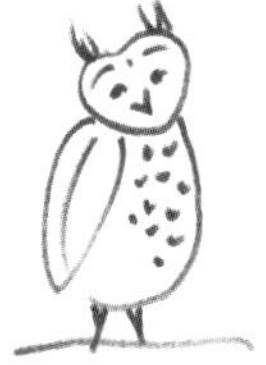

In Erinnerung an Jana

Dank

Danke an alle, mit denen ich gemeinsam Ausstellungen besuchen und die Begeisterung für Kunst teilen konnte.

Lieben Dank an Britta für das Vertrauen in dieses Projekt, an Maren für die hilfreichen Kommentare zum Text, an Christine und Octavia für die engagierten Gespräche, an Richard für das tolle Coverfoto und überhaupt, an Martin & Ina für inspirierende Hundespaziergänge und an Ellen für die enthusiastische Unterstützung. Danke Dir, Paula, für unsere Streifzüge in NY und Nick für die Schreibferien in Iphofen.

Special thanks to my NY companions and to Romy with love.

Register

Quellen und Tipps

zum Weiterlesen und -schauen

Tarsila do Amaral

- *Auktion in São Paulo. Werk von Társila do Amaral erzielt Rekordpreis in Brasilien.* In: Monopol. Magazin für Kunst und Leben, 18.12.2020, monopol-magazin.de
- Stephanie D'Alessandro / Luis Pérez-Oramas (Hg.): *Tarsila do Amaral: Inventing Modern Art in Brazil.* The Art Institute of Chicago / The Museum of Modern Art, New York 2017 (distributed by Yale University Press)
- Karen Grimson: Tarsila do Amaral. Museum of Modern Art, moma.org/artists
- *Tarsila do Amaral, eine brasilianische Modernistin.* Der andere Blick – Stadt Land Kunst, arte, 28.10.2021, arte.tv

Anna Atkins

- Anna Atkins: *Blue Prints.* Mit Texten von Rolf Sachsse, nach einer Idee von Marion Blomeyer. Klinkhardt & Biermann, München 2021
- *Blue Prints: The Pioneering Photographs of Anna Atkins.* New York Public Library, nypl.org
- Joshua Chang / Larry J. Schaaf (Hg.): *Anna Atkins: Photographs of British Algæ. Cyanotype Impressions* (Sir John Herschel's Copy). Steidl, Göttingen 2023

- Boris Friedewald: *Meisterinnen des Lichts. Große Fotografinnen aus zwei Jahrhunderten.* Prestel Verlag, München 2018
- Larry J. Schaaf (Hg.): *Sun Gardens. Cyanotypes by Anna Atkins.* New York Public Library, DelMonico Books / Prestel Publishing 2018
- Peter Walther (Hg.): *Anna Atkins. Cyanotypes.* Multilingual Edition (Englisch, Französisch, Deutsch), TASCHEN 2023

Louise Bourgeois

- Robert Mapplethorpe: *Louise Bourgeois.* Tate / Artist Room, tate.org.uk
- The Museum of Modern Art: *Louise Bourgeois. HOW TO SEE the artist with Chief Curator Emerita Deborah Wye.* 29.11.2017, YouTube-Kanal The Museum of Modern Art
- Peter Weiermaier (Hg.): *LB. Louise Bourgeois.* Frankfurter Kunstverein / Edition Stemmle 1989
- Deboray Wye (Hg.): *Louise Bourgeois. An Unfolding Portrait. Prints, Books, and the Creative Process.* The Museum of Modern Art, New York 2017

Judy Chicago

- Kate Amend: *Judy Chicago: Making Change.* 7.10.2021, YouTube-Kanal Fine Arts Museum of San Francisco
- Judy Chicago: *Herstory.* New Museum, New York, newmuseum.org

- Judy Chicago: *The Dinner Party*. Brooklyn Museum, New York, brooklynmuseum.org
- Judy Chicago: *The Flowering. The Autobiography of Judy Chicago*. Thames & Hudson Inc., New York 2021
- Website Judy Chicago: judychicago.com

Guerrilla Girls

- Guerrilla Girls: *The Art of Behaving Badly*. Abrams & Chronicle Books LLC, San Francisco 2020
- Museum für Kunst und Gewerbe Hamburg: *The F*word – Guerrilla Girls und feministisches Grafikdesign*. 1.3.2023, YouTube-Kanal Museum für Kunst und Gewerbe Hamburg
- Avery Naman: *Kunst im Rampenlicht: Die Guerrilla Girls*. Balthasart Magazine, 7.3.2022

Frida Kahlo

- Frida Kahlo Museum im »Blauen Haus« in Coyoacán (Mexiko), museofridakahlo.org.mx
- Frida Kahlo: *Appearances Can Be Deceiving*. Brooklyn Museum, New York, brooklynmuseum.org
- Frida Kahlo: *Appearances Can Be Deceiving at Brooklyn Museum*. In: Arts Summary. A Visual Journal, 8.2.2019, artssummary.com
- Renate Kroll: *Blicke die ich sage. Frida Kahlo. Das Mal- und Tagebuch*. Dietrich Reimer Verlag GmbH, Berlin 2007

- Ingrid Pfeiffer (Hg.): *Fantastische Frauen. Surreale Welten von Meret Oppenheim bis Frida Kahlo.* Schirn Kunsthalle Frankfurt, Hirmer Verlag GmbH, München 2020

Hilma af Klint

- Tracey Bashkoff (Hg.): *Hilma af Klint. Paintings for the Future.* Guggenheim Museum Publications, New York 2018
- Philipp Deines: *Die 5 Leben der Hilma af Klint.* Hatje Cantz, Berlin 2022
- Halina Dyrschka: *Jenseits des Sichtbaren - Hilma af Klint.* D 2019, DVD: mindjazz pictures 2020
- Iris Müller-Westermann / Jo Widoff (Hg.): *Hilma af Klint. Eine Pionierin der Abstraktion.* Hatje Cantz, Ostfildern 2013
- *TWIST: Holy Shit! Spiritualität und Kunst.* arte, 9.4.2023, arte.tv
- Julia Voss: *Hilma af Klint.* Biographie. S. Fischer Verlag GmbH, Frankfurt am Main 2020

Alicja Kwade

- *Alicja Kwade. In Abwesenheit.* Berlinische Galerie. Landesmuseum für Moderne Kunst, Fotografie und Architektur, berlinischegalerie.de
- Roxanne Bagheshirin Lærkesen: *Alicja Kwade Interview: Time, Space and Gravity.* Berlin, August 2018. Louisiana Channel, Louisiana Museum of Modern Art, 2018.

- Kelly Baum / Sheena Wagstaff (Hg.): *Alicja Kwade. ParaPivot*, The Metropolitan Museum of Art, New York 2019 (distributed by Yale University Press)
- Alicja Kwade: *ParaPivot*. The Metropolitan Museum of Art, New York, The Roof Garden Commission, metmuseum.org
- Website Alicja Kwade: alicjakwade.com

Simone Leigh

- *Simone Leigh: Sovereignty*. Biennale di Venezia 2022, simoneleighvenice2022.org
- *Simone Leigh to Represent the US at the 59th Venice Biennale*. 14.10.2020, biennialfoundation.org
- *The Making of »Brick House«*. High Line Art, 14.1.2019, thehighline.org
- The Solomon R. Guggenheim Foundation: *Artist Profile: Simone Leigh*. 14.6.2019, YouTube-Kanal Guggenheim Museum

Paula Modersohn-Becker

- Jennifer Higgie: *The Mirror and the Palette. Rebellion, Revolution and Resilience: 500 Years of Women's Self-Portraits*. Weidenfeld & Nicolson, London 2021
- Paula Modersohn-Becker Museum, Bremen, museen-boettcherstrasse.de
- Ingrid Pfeiffer (Hg.): *Paula Modersohn-Becker*. Schirn Kunsthalle Frankfurt, Hirmer Verlag GmbH, München 2021

- Hillary Reder: *Paula Modersohn-Becker.* Museum of Modern Art, New York, moma.org/artists

Wangechi Mutu

- Adrienne Edwards, Courtney J. Martin, Kellie Jones, Chika Okeke-Agulu: *Wangechi Mutu.* Phaidon Verlag, London, New York u.a. 2022
- Wangechi Mutu: *I Am Speaking, Are You Listening?* Fine Arts Museums of San Francisco, DelMonico Books + D.A.P. 2021
- Wangechi Mutu: *The NewOnes, will free Us.* The Metropolitan Museum of Art, New York, The Facade Commission, metmuseum.org

Alice Neel

- *Alice Neel. Porträt einer engagierten Malerin*, arte 2022, arte.tv
- Kelly Baum / Randall Griffey (Hg.): *Alice Neel. People Come First.* The Metropolitan Museum of Art, New York 2021 (distributed by Yale University Press)
- Jeremy Lewison / Dirk Luckow (Hg.): *Alice Neel. Painter of Modern Life.* Hatje Cantz, Ostfildern 2016
- Andrew Neel: *Alice Neel.* SeeThink Films, USA 2007
- Website Alice Neel: aliceneel.com
- Alissa Wilkinson: *Artists helped lift America out of the Great Depression. Could that happen again?* Vox Media, 22.6.2020, vox.com

Georgia and Ida O'Keeffe

- Barbara Buhler Lynes / Christiane Lange (Hg.): *Georgia O'Keeffe. Leben und Werk.*, Kunsthalle der Hypo-Kulturstiftung, Hirmer Verlag GmbH, München 2012
- Jack Cowart / Juan Hamilton mit Sarah Greenough: *Georgia O'Keeffe. Art and Letters.*, National Gallery of Art, Washington, New York Graphic Society Books 1987
- Georgia O'Keeffe Museum: *Ida and Georgia O'Keeffe*. Sue Canterbury und Ariel Plotek im Gespräch, Aufzeichnung vom 8.7.2020, YouTube-Kanal Georgia O'Keeffe Museum
- Quin Mathews: *Ida O'Keeffe: Escaping Georgia's Shadow*, 20.10.2020, YouTube-Kanal Dallas Museum of Art
- Ida O'Keeffe: *Escaping Georgia's Shadow*. Dallas Museum of Art, dma.org
- Roxana Robinson: *The Rivalry Between Georgia O'Keeffe And Her Sister Ida*. In: The New Yorker, 4.9.2019

Hilla von Rebay

- Katja von der Bay: Hilla von Rebay. *Die Erfinderin des Guggenheim Museums*. Edition Braus Berlin GmbH, Berlin 2013
- Jo-Anne Birnie Danzker / Brigitte Salmen / Karole Vail (Hg.): *Art of Tomorrow. Hilla von Rebay und Solomon R. Guggenheim*. Deutsche Guggenheim, Berlin 2005

- Sigrid Faltin: *Die Baroness und das Guggenheim. Hilla von Rebay - eine deutsche Künstlerin in New York.* Libelle Verlag, Lengwil (Schweiz) 2014 (5. Auflage)
- Eckkehard Tanner: *Hilla von Rebay: Kunst für den Frieden.* Schirn Mag, 16.12.2015, schirn.de

Kristen Visbal

- Jessica Cherner: *›Fearless Girl‹ Creator turns to NFTs to pay off $ 3M in legal fees.* In: New York Post, 23.5.2022
- Website »Fearless Girl«, fearlessgirl.us
- Zum Verlauf der aktuellen Debatte s.a. State Street Global Advisors, Fearless Girl, ssga.com

Kara Walker

- Anita Haldemann (Hg.): *Kara Walker - a Black Hole Is Everything a Star Longs to Be.* JRP|Editions, Genf (Schweiz) 2020
- Sebastian Heindorff, Ann Mbuti: *Interview - Kara Walker. A Black Hole Is Everything A Star Longs To Be.* 8.11.2021, YouTube-Kanal Schirn Kunsthalle Frankfurt
- Ann Mbuti: *Black Artists Now. Von El Anatsui bis Kara Walker.* C.H.Beck, München 2022
- Doreen St. Félix: *Kara Walker's Next Act.* In: New York Magazine, 17.4.2017
- Murray Whyte: *Why Kara Walker's incendiary slavery art is as relevant as ever.* In: The Guardian, 22.11.2016

Rachel Whiteread

- Charlotte Burns: *Rachel Whiteread: ›It's my mission to make things more complicated‹*. Interview, in: The Guardian, 21.6.2016
- Rachel Whiteread: *Cabin*. Governors Island, New York, govisland.com
- Yale Center for British Art: at home: *Artists in Conversation. Rachel Whiteread*. Michele Robecchi im Gespräch mit Rachel Whiteread. Aufzeichnung vom 15.10.2021. YouTube-Kanal YaleBritishArt

Zur Autorin

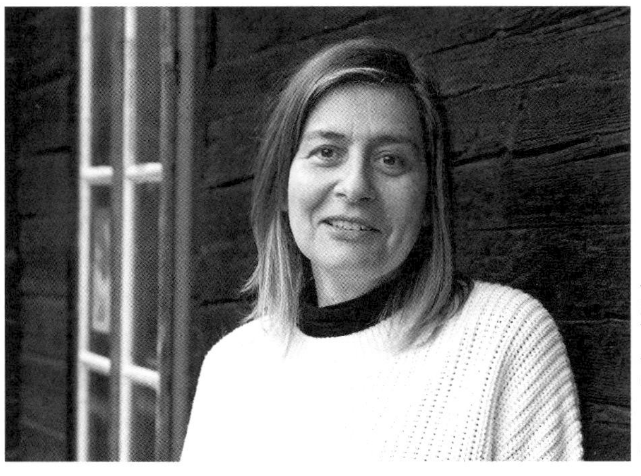

Foto: © Richard Zinken

Stephanie Hanel ist Autorin und Zeichnerin. Das Kunstgeschichtsstudium gab sie zugunsten der Politikwissenschaften auf, verband dabei aber die Politik mit der Literatur und verfasste ihre Magisterarbeit über das Werk von Irmtraud Morgner. Sie schrieb Drehbücher und Konzepte für CD-ROM-Produktionen und war für Multimediaprojekte zuständig, arbeitete als freie Redakteurin des Wissenschaftlerinnenportals AcademiaNet und als Blog-Autorin. Seit 30 Jahren engagiert sie sich im Berufsnetzwerk der BücherFrauen und war dort u. a. erste Vorsitzende. Nach einem zweijährigen Aufenthalt in New York arbeitet sie als freie Texterin und Autorin und lebt seit 2021 in Weyher in der Pfalz.

Bildnachweise

Vor-/Nachsatz-Fotos:
© Stephanie Hanel und Richard Zinken

Abbildungen Vorsatz von links nach rechts:
(1. Reihe) Gemälde von Judy Chicago im *Brooklyn Museum*. Ausstellung Anna Atkins in der *NY Public Library*. Mit dem Motiv *Our Town* von Boyoun Kim gestaltetes Metro-Abteil. (2. Reihe) Die Autorin sieht sich ein Graffiti im Stadtteil *DUMBO* an. Auf der *High Line*. Graffiti im Stadtteil *Red Hook*. Cyanotypie-Buch von Anna Atkins. (3. Reihe) Eindruck vom *Women's March*. Ausstellung im *Brooklyn Museum* mit Werken von Malvina Hoffman und Mickalene Thomas. Skulptur vor einem Kunstgeschäft.

Abbildungen Nachsatz von links nach rechts:
(1. Reihe) Frida-Kahlo-Produkte im Museumsshop vom *MoMA*. Das *Fearless Girl* und der *Charging Bull* im *Bowling Green* Park. Simone Leighs Skulptur *Brick House* auf der *High Line*. (2. Reihe) Gertrude-Stein-Denkmal im *Bryant Park*. Hilma-af-Klint-Ausstellung im *Guggenheim Museum*. Alicja Kwades *ParaPivot* auf der Dachterrasse des *Met*. (3. Reihe) Georgia-O'Keeffe-Ausstellung im *Brooklyn Museum*. Werbetafel in der *Neuen Galerie NY* mit Selbstporträt von Paula Modersohn-Becker.
The Cabin von Rachel Whiteread auf *Governors Island*.

Informationen über unser Verlagsprogramm und weitere Künstlerinnen-Bücher finden Sie unter www.aviva-verlag.de

Alle Zeichnungen: © Stephanie Hanel
Coverfoto: © Richard Zinken
Die Abbildung zeigt Kristen Visbals *Fearless Girl* am ersten Standort *Bowling Green* mit neugierigen Passant:innen.

Die Autorin dankt der VG Wort für das Arbeitsstipendium im Rahmen der Initiative »Neustart Kultur« der Beauftragten der Bundesregierung für Kultur und Medien

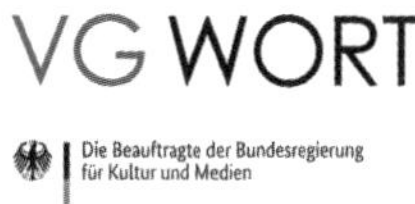

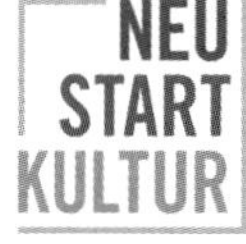

Lektorat: Britta Jürgs
Layout und Satz: Kerstin Weber
Druck: Finidr, s.r.o.
Printed in Europe

1. Auflage 2023

AvivA Britta Jürgs GmbH
Emdener Straße 33, 10551 Berlin
info@aviva-verlag.de

ISBN 978-3-949302-20-6

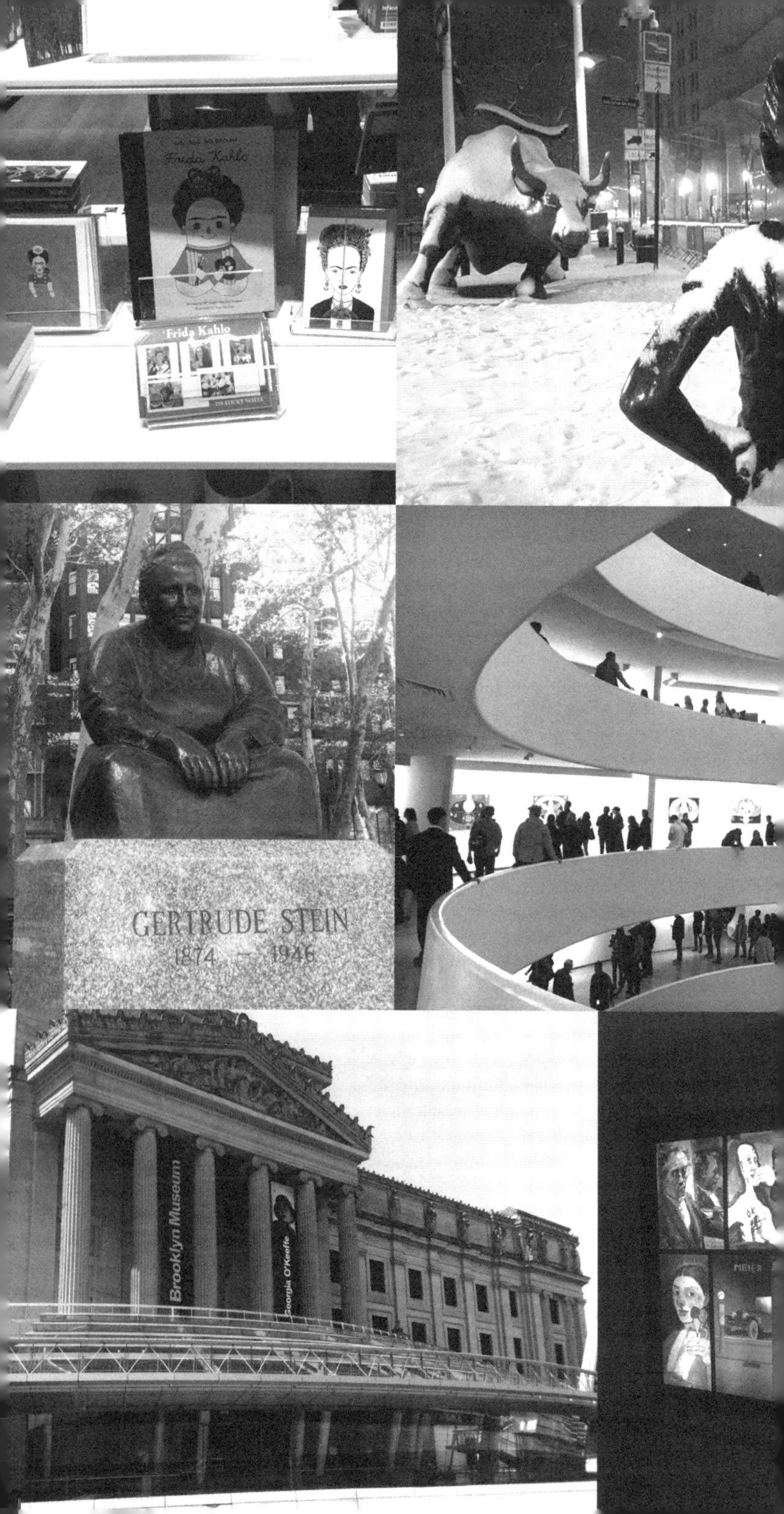
Frida Kahlo
Frida Kahlo
GERTRUDE STEIN
1874 — 1946
Brooklyn Museum
Georgia O'Keeffe